# Horoskop
# 2024
# Krebs

## Angeline Rubi und Alina A. Rubi

*Unabhängig veröffentlicht*

# Wer ist Krebs?

**Termine**: *22. Juni bis 22. Juli*

**Tag**: *Montag*

**Farbe**: *Weiß, Silber*

**Element**: *Wasser*

**Kompatibilität**: *Stier, Fische*

**Symbol**: ♋

**Modalität**: *Kardinal*

**Polarität**: *Weiblich*

**Herrschender Planet**: *Mond*

**Haus**: *4*

**Metall**: *Silber*

**Quarz**: *Mondstein, Perle, Rosenquarz,*

**Konstellation**: *Krebs*

## *Krebs-Persönlichkeit*

*Die emotionale Intelligenz des Krebses ist unvergleichlich, er ist ein äußerst einfühlsames Zeichen. Sie haben eine ausgeprägte Intuition, deshalb sind sie die beschützend Sten aller Tierkreiszeichen, deshalb sind sie Beschützer par excellence.*

*Sie sind immer aufmerksam und bereit, sich um die Bedürfnisse anderer zu kümmern, auch wenn das bedeutet, sich selbst zurückzustellen.*

*Er ist gefühlvoll und anhänglich, freundlich und weiß, wie man vorsichtig ist, wenn es nötig ist. Sie lieben ihr Zuhause und ihre Kinder, ihr Zuhause ist wie ein Nest, eine Zuflucht, in die sie sich zurückziehen können, wenn der Stress sie zu sehr überwältigt.*

*Sie haben ein ausgezeichnetes Gedächtnis, insbesondere für persönliche Ereignisse und Erinnerungen an ihre Kindheit, an die sie sich detailliert erinnern können. Sie leben bedingt durch ihre Erinnerungen an die Vergangenheit und durch ihre Vorstellungen von der Zukunft.*

*Sie sind ausgezeichnete Versorger und arbeiten am besten, wenn man sie in Ruhe lässt, ohne dass jemand versucht, ihnen bei ihrer Arbeit zu helfen.*

*Sie gehen mit ihrem Arbeitsplatz genauso um wie mit ihrem Zuhause. Sie schützen ihre Arbeitssituation und* haben oft wichtige Positionen inne. Sie sind loyal, erwarten Loyalität und behandeln ihre Mitarbeiter wie eine Familie.

Sie lieben es, endlose Schmeicheleien von anderen zu erhalten, sind ehrgeizig, leicht beleidigt und nehmen in vielen Situationen Anstoß, wo es keinen Grund dazu gibt.

Sie sind sehr gute Händler, sie mögen Geld, um ihre Ersparnisse zu haben und dass niemand weiß, wie viel sie haben. Sie sind ein wenig misstrauisch, wenn es darum geht, eine Liebesbeziehung zu beginnen, sie geben eine Menge Gedanken zu dieser Situation, weil sie Angst haben, verletzt zu werden, so dass sie nicht von ihren Gefühlen oder Leidenschaften mitgerissen werden, da sie zuerst sicherstellen müssen, dass sie mit der richtigen Person sind, alles für alles zu spielen, weil sie ihre Gefühle, Vertrauen und Liebe ohne Vorbehalt geben.

Sie sind sehr detailliert und romantisch, und wenn sie einen Partner haben, lassen sie es nicht zu, dass sich jemand in ihre Beziehung einmischt, nicht einmal, um ihnen Ratschläge zu erteilen, wie sie damit umgehen sollen oder was zu einem bestimmten Zeitpunkt das Beste ist.

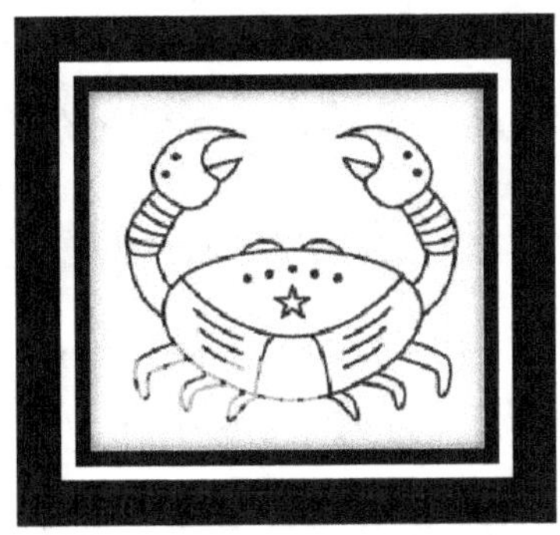

## *Allgemeines Krebs-Horoskop*

*Dies ist ein fabelhaftes Jahr für Neuanfänge, neue Unternehmen und Projekte. Was du jetzt beginnst, wird der Fokus für die nächsten 5 Jahre deines Lebens sein. Beginne das Jahr 2024 mit Energie, Begeisterung und Aufregung.*

*Es ist ein Jahr, in dem eine starke Beziehung zwischen Ihrer Persönlichkeit und Ihrem Berufsleben besteht, wobei diese Interaktion von größter Bedeutung ist.*

*Sie möchten eine Position mit einem gewissen Bekanntheitsgrad erreichen und für Ihre persönliche Arbeit bewundert werden. Der Erfolg stellt sich in diesem Jahr mehr oder weniger stark ein, auch wenn Sie ihn aufgrund Ihres starken Ehrgeizes als unzureichend empfinden könnten.*

*In dem Kreis, in dem Sie sich bewegen, wird Ihre Anwesenheit offensichtlich sein, auch wenn andere von Ihnen Verantwortung verlangen werden.*

*Im Allgemeinen verspricht diese Periode beruflichen Erfolg, und Sie werden immer den Kredit und den Schutz finden, der notwendig ist, um ihn zu erreichen.*

*Ihre geschäftlichen oder beruflichen Angelegenheiten werden im Mittelpunkt stehen. Auch die Beziehungen zu Autoritätspersonen und zu Ihren Eltern werden wahrscheinlich eine wichtige Rolle spielen, auch wenn vielleicht ein ernstes Problem auftaucht, das Sie lösen müssen.*

*Sie sollten bei möglichen Konflikten im beruflichen oder geschäftlichen Bereich eine gewisse Vorsicht walten lassen.*

*Es ist jedoch eine gute Zeit, um sich auf Ihre Ziele zu konzentrieren und das Bild zu verbessern, das Sie nach außen hin abgeben.*

*Es ist ein Jahr, in dem Sie ständig auf der Suche nach neuen Erfahrungen sind, aber hinter Ihrem Tatendrang und Ihrem Wunsch nach Veränderung verbirgt sich wahrscheinlich die Angst, dauerhafte Bindungen einzugehen.*

*Es fällt Ihnen schwer, die weibliche Seite Ihres Wesens anzuerkennen und die Verantwortung für das Wohlergehen eines anderen zu übernehmen. In diesem Jahr werden Sie Verpflichtungen scheuen, weil Sie sich nicht emotional gebunden fühlen wollen.*

Andere werden Ihren Unternehmergeist bewundern und es zu schätzen wissen, dass Sie sich nicht vor der Verantwortung drücken, vor allem, wenn eine Ihrer riskanten Aktionen nicht gut ausgeht.

Es ist ein Jahr, in dem Sie zu einem Kämpfer werden, der nicht so leicht aufgibt und, wenn nötig, seinen Weg allein geht.

Ihre emotionale Seite wird sensibler sein als sonst, und Sie werden vor Zärtlichkeit für alle Menschen um Sie herum überquellen. Vor allem Ihre Kinder (falls Sie welche haben) werden von Ihrer besonderen Veranlagung profitieren, ihnen zuzuhören und für ihre Bedürfnisse empfänglicher zu sein sowie mehr Liebe und Verständnis aufzubringen.

Da Sie die schönen Seiten des Lebens mehr denn je zu schätzen wissen, könnten Sie diese Veranlagung für kreativen Ausdruck, gesellschaftliche Ereignisse und geschäftliche Aktivitäten nutzen. Außerdem werden Sie wahrscheinlich eine gefühlsbetonte Beziehung eingehen oder Ihre derzeitige Beziehung in Form und Gefühl verändern.

Sie können häufiger zu Ihren gewohnten Vergnügungsstätten reisen.

Auch ein Familienmitglied kann Ihnen möglicherweise ein Einkommen oder finanzielle Unterstützung bieten.

Was Ihre Gesundheit betrifft, so werden Sie in dieser Zeit sehr anfällig für Erkältungen und Reizungen sein; es kann nicht schaden, Ihre Atemwege und Nieren im Auge zu behalten.

Während der rückläufigen Phase des Merkurs sollten Sie überlegen, welchen Dingen oder Menschen Sie eine zweite Chance geben wollen, anstatt etwas Neues zu beginnen. Wenn es etwas Neues ist, müssen Sie es vielleicht auf unkonventionelle Weise tun.

Sie werden Menschen treffen, die spirituell veranlagt sind und die Ihre Persönlichkeit prägen werden. Dies ist eine gute Zeit für Ihr spirituelles Erwachen.

Wenn Sie noch keinen Partner haben, denken Sie daran, dass sich Gelegenheiten nicht wiederholen. Wenn Sie an einer Person interessiert sind, sollten Sie sie ansprechen und ihr sagen, was Sie empfinden, ohne lange zu überlegen. Dieser kleine Akt des Mutes wird den ganzen Unterschied ausmachen, den Beginn einer Liebesgeschichte.

## *Liebe*

*Das kann im Jahr 2024 ein starkes Thema sein. Alles, was Sie sich in der Liebe wünschen, könnte nach Mai sein.*

*In Deinem Liebesleben und in Deinem Leben im Allgemeinen hat eine planetarische Entgiftung stattgefunden. Das war keine angenehme Erfahrung. Alle Liebeserfahrungen, die ihr gemacht habt, sind von entgiftender Natur.*

*In diesem Jahr werden Sie in Ihrem Liebesleben einen Schritt nach vorne machen und Ihrer Beziehung neue Kraft verleihen. Infolgedessen wird Ihre Beziehung stärker sein als zuvor, und das gegenseitige Vertrauen zwischen Ihnen beiden wird zunehmen.*

*In diesem Jahr werden Sie die Gefühle Ihres Partners verstehen und seinen Standpunkten Bedeutung beimessen. Versuchen Sie nicht, Ihre Gedanken aufzudrängen, sonst kann es zu Spannungen in Ihrem Liebesleben kommen.*

*Da Sie möglicherweise mit unnötigem Klatsch und Tratsch konfrontiert werden, sollten Sie mit Ihrem Privatleben sehr diskret umgehen.*

*Es wird Zeiten geben, in denen Sie sich von Ihrem Partner trennen möchten. All das können Sie* kontrollieren oder vermeiden, wenn Sie auf die wichtigen Dinge in Ihrem Liebesleben achten.

Für Singles bieten sich in den ersten drei Monaten des Jahres viele Gelegenheiten, romantische Beziehungen einzugehen. Im zweiten Quartal wird es flüchtige Beziehungen geben.

Sie nähern sich allmählich dem Ende eines langsamen Wandels. Sie müssen weiterhin langsame, aber stetige Schritte nach vorne machen. Sie müssen Ihre Beziehungen ernster nehmen, und das bedeutet nicht, dass Sie den Spaß aufgeben müssen.

Sie müssen sich mehr für Ihre Beziehung engagieren, da Sie praktisch ein Singleleben führen, aber die Vorteile der Existenz von zwei Personen genießen. Sie müssen lernen, Entscheidungen gemeinsam mit Ihrem Partner zu treffen.

Vielleicht fühlen Sie sich ab März ein wenig unsicher, aber das ist nichts, was ein Familienausflug nicht beheben könnte.

Während der Vollmondphasen werden Sie die Liebe ernster nehmen und sich bemühen, denjenigen näher zu kommen, mit denen Sie eine starke Verbindung haben.

Sie werden einige Monate mit einer gewissen Unsicherheit leben. Sie werden eine Beziehung beginnen, die zunächst nur auf Sex basiert, aber Sie *werden sich emotional engagieren und sich eingestehen, dass Sie sich verliebt haben.*

*In diesem Jahr rücken Ihre persönlichen Beziehungen in den Mittelpunkt Ihrer Aufmerksamkeit. Sie brauchen den Kontakt zu anderen Menschen, und Sie sind besorgt über den Eindruck, den diese von Ihnen haben. Es ist an der Zeit, Ihr Verhalten in Bezug auf andere Menschen, insbesondere Ihren Partner, zu überprüfen und über mögliche Anpassungen und Korrekturen nachzudenken.*

*Sie werden vielleicht mehr denn je erkennen, dass Sie die Zusammenarbeit mit anderen brauchen, um Ihre Ziele zu verwirklichen, und dass der beste Weg, Ihrem Leben einen Sinn zu geben, Ihre Individualität und Kraft in Partnerschaften und Beziehungen liegt.*

*Die Teilnahme an gemeinsamen Aktivitäten wirft Fragen auf, die es Ihnen ermöglichen, klarer zu definieren, wer Sie sind.*

*Ihre Identität wird durch die Höhen und Tiefen und die Komplikationen, denen Sie bei dem Versuch, lebenswichtige und aufrichtige Bündnisse zu schließen, begegnen, geformt und gefestigt.*

## *Wirtschaft*

*Dieses Jahr bringt eine Menge positiver Energie für die Verhandlungen, an denen Sie gearbeitet haben, besonders in Situationen, in denen Sie wichtige Themen besprechen müssen.*

*Es besteht die Möglichkeit, dass Sie eine neue Stelle bekommen, in der Sie Ihre Talente präsentieren können. Wenn Sie eine Präsenz in den sozialen Medien haben, halten Sie sie auf dem neuesten Stand.*

*Verschwenden Sie keine Zeit und planen Sie. Wenn Sie Ihr eigenes Unternehmen führen, ist es an der Zeit, aus der Routine herauszukommen.*

*Wenn Sie arbeitslos waren und eine Stelle suchen, haben Sie mehr Glück, vor allem wenn Sie über besondere Erfahrungen oder Fähigkeiten verfügen.*

*Sie könnten in der Selbständigkeit viel Geld verdienen, das Ihnen in Zukunft zugutekommen könnte. Wenn Sie selbständig sind, werden Sie ebenfalls spektakuläre Ergebnisse erzielen. In finanzieller Hinsicht werden Sie im Laufe des Jahres einige schwierige Momente erleben, aber sie werden glimpflich verlaufen. Diejenigen, die ihre Talente mehr ausschöpfen wollen, werden die Möglichkeit dazu haben. Wenn Sie keine großen Ausgaben tätigen müssen, dann tun Sie das auch nicht, und es wäre auch nicht gut für Sie, Geld zu leihen. Du musst anfangen, viel mehr zu sparen, denn dies ist ein kompliziertes Jahr.*

*Die Kunst des Geldverdienens besteht vor allem darin, die Chancen zu nutzen. Sie müssen alle sinnlosen und ungeordneten Wünsche ausbremsen und eine bessere Strategie zum Geldverdienen planen. Wenn Sie Ihre Ziele nicht definieren, werden Sie keinen Erfolg haben.*

*Im Jahr 2023 haben Sie viele Lektionen in Sachen Finanzen gelernt. Wenn Sie in diesem Jahr eine Entscheidung treffen müssen, werden Sie aufgrund dieses Wissens Ihre Impulsivität beiseitelassen und sich auf Geduld und Toleranz besinnen. Alle Ihre geschäftlichen Aktivitäten werden Ihnen Gewinn bringen.*

*Sie erhalten Vorschläge, die es Ihnen ermöglichen, zwischen verschiedenen vorteilhaften Optionen zu wählen, um in Ihrem Berufsfeld zu wachsen. Sie sollten alle Details sorgfältig analysieren, damit Ihre endgültige Entscheidung diejenige ist, die Ihnen den größten Nutzen bringt.*

*Lassen Sie nicht zu, dass sich Ihre Fehler aufgrund Ihrer übermäßigen Passivität anhäufen, ohne dass Sie sich dessen bewusst sind, denn dann kann die Situation kritisch werden. Dies ist das Jahr, um aufzuwachen und zu handeln. Alle Entscheidungen, die Sie treffen müssen, liegen in Ihren Möglichkeiten.*

*Sie können Ihre Zukunft verändern, wenn Sie Ihrer Fantasie freien Lauf lassen. Sie sollten damit beginnen, Projekte zu entwickeln, die Ihnen ein zusätzliches Einkommen und eine neue Art zu arbeiten ermöglichen.*

*Rückläufige Merkurphasen wirken sich auf Ihren beruflichen Bereich aus. Das kann bedeuten, dass du dich beruflich verändern wirst, wenn dir deine Arbeit nicht gefällt. Die Zeit, in der Sie diese Energie am stärksten spüren werden, ist die Sonnenfinsternis am 8. April, die in Ihrem Eulchen Umfeld stattfindet.*

### Krebs Gesundheit

*Denken Sie daran, dass das häufigste Gesundheitsproblem zu Beginn des Jahres Stress heißt. Der Umgang mit all den Schulden, die wir aufgrund der Ausgaben zum Jahresende haben, kann überwältigend sein. Deshalb ist es wichtig, realistisch und geduldig zu sein.*

*Es ist die perfekte Zeit, um Dinge wie Meditation auszuprobieren und die Qualität Ihres Schlafes zu verbessern, da all dies viele Vorteile für Ihre geistige Gesundheit hat.*

*Denken Sie positiv und seien Sie optimistisch, denn positive Gefühle verbessern den Energiefluss.*

*Vielleicht leiden Sie in diesem Jahr unter Allergien. Hören Sie nicht auf, Ihre Ernährung gesundheitsbewusst umzustellen. Sie sollten Ihre Ernährung mit Nahrungsergänzungsmitteln oder Vitaminen ergänzen, die Ihr Immunsystem stärken.*

*Im Allgemeinen können Ihre gesundheitlichen Probleme mit den Nerven, übermäßiger Sorge und unzureichender Ruhe zusammenhängen.*

*Vielleicht haben Sie das Bedürfnis, Ihre Gewohnheiten zu entschlacken und geregelter und ernster zu werden. Nutzen Sie dieses Jahr, um durch Sport, gesunde Ernährung und Yogaübungen etwas für Ihre Gesundheit zu tun.*

### *Familie*

*Dies ist ein wichtiger Bereich für Sie. Im Allgemeinen zeigt es einen Umzug in eine größere und geräumigere Wohnung oder eine Renovierung der vorhandenen Wohnung.*

*Eine Schwangerschaft wäre keine Überraschung, vor allem, wenn Sie sich bemüht haben.*

*Ihr natürliches Mitgefühl wird sich in Handlungen manifestieren, die sich an diejenigen in Ihrem Familienkreis richten, die vom Weg abgekommen sind und Hilfe brauchen.*

*Aus einer verständnisvolleren Position heraus werden Sie versuchen, Ihre Rolle in der Familie zu erfüllen, aber Sie werden es tun, ohne zu urteilen, mit einem offeneren Geist, und das wird Ihre Familienmitglieder dazu bringen, zu Ihnen Zuflucht zu nehmen und Ihre Meinung zu suchen, um Familienprobleme zu lösen.*

*Ihre Lebenskraft und Ihr Wille scheinen in der Mitte des Jahres mit Ihrer emotionalen Seite in Konflikt zu geraten, und Sie könnten den Eindruck haben, dass die Umstände gegen Sie sind, da Sie einen Mangel an Unterstützung und Zuneigung in Ihrer Umgebung wahrnehmen. Es könnte sogar zu einem angespannten Austausch mit einem geliebten Familienmitglied kommen. Aber keine Sorge, das wird schnell vorübergehen, ohne wesentliche Folgen zu haben. Geduld und Flexibilisierung Warden Ihnen helfen.*

### Wichtige Termine

- ***17.06. Venus tritt in den Krebs ein.*** *Während dieses Transits nimmt Ihr Wunsch nach emotionaler Sicherheit und Stabilität zu. Sie können Liebe und Zuneigung durch freundliche Taten ausdrücken und suchen Trost in einer sicheren Umgebung. Dies ist eine Zeit, in der Sie die Bindungen in bestehenden Beziehungen stärken und* gemeinsame emotionale Erfahrungen erkunden können.

- **17.06. Merkur tritt in den Krebs ein.** *Dieser Transit deutet auf unerwartete Veränderungen im Beruf hin. Sie werden aufgefordert, praktische Schritte für Ihr persönliches Fortkommen zu unternehmen, Ihr Einkommen auszugleichen und Ihre persönlichen Beziehungen flüssig zu halten.*

  *Ihr beruflicher Bereich wird schwanken, was sich negativ auswirkt, da Sie aufgrund eines plötzlichen Arbeitsplatzwechsels nicht in der Lage sein werden, Ihre Möglichkeiten voll auszuschöpfen.*

- **20.06. Sonne tritt in Krebs ein.**

- **07/5 Neumond im Krebs.** *Neumonde sind traditionell Zeiten für Neuanfänge. Was du beginnst, kann der Fokus für die nächsten 6 Monate deines Lebens sein.*

- **4.09. bis 3.11. Mars geht in den Krebs über.** *Der Planet Mars in deinem Zeichen bringt im Allgemeinen viel Energie und Schwung für neue Anfänge und Projekte. Das kann dir helfen, dich in ein neues Projekt zu stürzen, dass du in den* nächsten 2 Jahren deines Lebens in Angriff nehmen wirst.

## Monatliche Horoskope für Krebs 2024

## Januar 2024

Sie beginnen das Jahr mit dem richtigen Fuß, und Sie werden nicht zögern, Ihre Freunde zu überzeugen, Ihre Geschäftsvorschläge anzunehmen, auch wenn einige sie ungewöhnlich, aber gleichzeitig verführerisch finden werden. Ihr Charme wird für den Rest sorgen.

Der Januar ist ein günstiger Monat für Initiativen, die auf Veränderungen in Ihrem Familien- und Privatleben abzielen. Es werden sich Gelegenheiten für Sie ergeben, sich weiterzuentwickeln.

Sie laden die Person, die Ihnen gefällt, zu einem Spaziergang ein, wenn Sie alleinstehend sind, und gestehen ihr, dass Sie auf der Suche nach einer offenen Beziehung sind.

Bevor Sie darüber nachdenken, wie Sie mehr Geld verdienen können, sollten Sie sich nach Freiraum umsehen und die Art und Weise, wie Sie Dinge tun, ändern.

Wenn Sie keine Lust haben, Ihr übliches Trainingsprogramm durchzuziehen, machen Sie sich keine Sorgen. Das Ende des Monats könnte der perfekte Zeitpunkt sein, um mit einer anderen gesunden Gewohnheit zu beginnen.

Es besteht die Gefahr, dass Sie Situationen nicht ertragen können, in denen Ihnen nicht alle Ohren so viel Aufmerksamkeit schenken, wie Sie es sich wünschen. Ein weiteres Problem kann die Neigung sein, mit dem anderen Geschlecht zu flirten und sich mit unseriösen Liebesspielen zu amüsieren, wodurch eine bestehende stabile Beziehung gefährdet wird.

Das Monatsende ist eine gute Zeit für wichtige Vorstellungsgespräche, da Ihre geistige Stärke und Ihre schöpferische Energie harmonisch zusammenwirken und die Kommunikation erleichtern.

Auch bei der Arbeit werden Sie effektiver sein, weil Sie keine Probleme haben, Ihre Konzentrationskräfte zu bündeln.

Sie werden sich wahrscheinlich gesprächsfreudiger als sonst fühlen, und es wird Ihnen leichter fallen, Ihren Standpunkt zu vertreten als zu anderen Zeiten.

## Glückszahlen
*3 - 7 - 14 - 27 - 31*

## *Februar 2024*

*Du besitzt eine übersinnliche Fähigkeit, die nur ein wenig verstärkt werden muss, um zu einer gigantischen Macht zu werden, manchmal kannst du sogar die Gedanken anderer Menschen lesen. Diese Fähigkeit bereitet dir manchmal Probleme, aber im Allgemeinen funktioniert sie zu deinen Gunsten.*

*In diesem Monat neigt das Universum dazu, die Dinge zu verändern, handeln Sie schnell, damit Sie die sich bietenden Chancen nutzen können.*

*Seien Sie vorsichtig mit der Art und Weise, wie Sie sich ausdrücken, es ist charmant, aber manchmal auch aggressiv.*

*Obwohl Sie ein Sternzeichen sind, das nicht zögert, seine ganze Energie und seinen Enthusiasmus in die Verfolgung seiner beruflichen Ziele zu stecken, müssen Sie aufpassen, dass Sie Ihre äußeren Erfolge nicht überbewerten.*

*Es besteht kein Zweifel, dass beruflicher Erfolg wichtig ist, aber es wäre ein Fehler, der Arbeit die ganze Aufmerksamkeit zu schenken und die familiären Verpflichtungen ganz unten auf der Prioritätenliste zu platzieren.*

*Dieser Monat ist auch ideal, um Behandlungen zu erkunden, die Ihren Körper entspannen und Ihre*

*Stimmung verbessern. Eine Massage mit ätherischen Ölen kann ein himmlisches Erlebnis sein und wird Ihnen guttun, wenn Sie sich erschöpft fühlen.*

*Was Ihre Gesundheit betrifft, so sollten Sie vor allem auf Ihre Augen achten, Ihre Haut etwas mehr pflegen und Ihre psychische Anspannung kontrollieren.*

*Generell wird es Ihnen in diesem Monat schwerfallen, ein emotionales Gleichgewicht zu erreichen, da Sie zu extremen und zwanghaften Reaktionen neigen. Sie müssen lernen, Ihren emotionalen Zwang durch Objektivität auf der Grundlage von Überlegungen zu dämpfen.*

*Sie sollten vor allem darauf achten, sich nicht auf Menschen einzulassen, die mit ihrer charmanten Art versuchen, Ihre Zustimmung zu gewinnen.*

*Sie haben wahrscheinlich Ihre verletzliche Natur bemerkt und zögern nicht, diese Schwäche auszunutzen. Der Schein kann trügen, und es ist ratsam, sich eine objektive Meinung über jede Person zu bilden, die in Ihnen den Wunsch weckt, eine intime, sentimentale Beziehung einzugehen.*

**Glückszahlen**
*3 - 10 - 19 - 20 - 28*

# *März 2024*

*Klammern Sie sich nicht zu sehr an Träume, die zwar verlockend, aber im Moment vielleicht unmöglich zu verwirklichen sind. Sie würden Ihre Energie vergeuden.*

*Vielleicht will Ihre Partnerin Ihre jugendliche Stimmung nicht teilen. Wenn sie etwas bedrückt, sollten Sie es nicht ignorieren. Planen Sie ein Gespräch. Manchmal ist Ihre Partnerin von Ihren unverschämten Fragen gelangweilt. Sie sollten überlegen, ob der Fehler nicht auf ihrer Seite liegt. Die Ursache könnte die Unsicherheit sein, die sie in der Beziehung verspürt. Versuchen Sie, etwas zu ändern.*

*An manchen Tagen in diesem Monat werden Sie nicht gut gelaunt sein, Sie fühlen sich vielleicht unterschätzt, und das macht Ihnen Angst. Sie brauchen Unterstützung, aber das Wichtigste ist, dass Sie lernen, auf sich selbst aufzupassen. Du bist ein starkes Zeichen, und am Ende wirst du in der Lage sein zu erkennen, was wirklich los ist.*

*Singles brauchen in ihren Beziehungen zu anderen Menschen Freiheiten für ihre persönliche Entwicklung, deshalb würden sie es nicht tolerieren, eine Bindung einzugehen, die sie zu sehr einschränkt. Sie sind ständig auf der Suche nach dem Anregenden und Faszinierenden, und diese Suche beeinflusst die Bedeutung Ihrer Freunde für Sie.*

*Normale Freundschaften lehnen Sie ab, weil Sie sich nach einer freundschaftlichen Kommunikation sehnen, die es Ihnen ermöglicht, die Einschränkungen Ihres Alltags zu vergessen. Bei Ihren Freunden sind Sie sehr tolerant und offen, und Sie sind normalerweise nicht besitzergreifend.*

*Ihr Ideal ist es, so zu leben, dass Ihre Bedürfnisse befriedigt werden und Sie gleichzeitig einen positiven Einfluss auf die Welt haben.*

*Ihre persönlichen Werte basieren auf einer sozialen Perspektive, und Sie interessieren sich für die Welt und sind an ihr interessiert.*

*Sie neigen dazu, mit den meisten Menschen sympathisch und liebevoll umzugehen, obwohl Ihre Gefühle oft eine diffuse Form der Liebe annehmen.*

### *Glückszahlen*
*1 - 5 - 23 - 28 - 30*

## *April 2024*

*Es gibt mehrere Probleme, die sich in diesem Monat auf Ihren Geldsektor auswirken werden. Sie könnten neue Schulden machen oder sich von anderen Leuten Geld leihen, um ein Geschäft abzuschließen. Versuchen Sie, auf Ihre Ernährung zu achten und ungesunde Lebensmittel zu streichen.*

*Dies ist ein guter Zeitpunkt, um damit zu beginnen, Ihre Mahlzeiten zu Hause zuzubereiten, anstatt jeden Tag in einem Restaurant zu essen. Wenn Sie sich gerne bewegen und soziale Kontakte pflegen, sollten Sie eine Sportart ausüben, bei der Sie beides tun können. Vernachlässigen Sie Ihre Beziehungen nicht. Sie haben wunderbare Menschen, die Ihnen gute Anlagetipps geben können.*


*In diesem Monat verspüren Sie eine unwiderstehliche Anziehungskraft auf alles Verborgene, Versteckte und Geheimnisvolle im Leben. Besonders die Gefühle und Emotionen, die durch die unsichtbaren Unterströmungen zwischen Ihnen und Ihrem Partner zirkulieren, werden Ihre Aufmerksamkeit mobilisieren.*

*Intime Beziehungen können als Katalysator wirken und eine Krise auslösen, die zu Transformation und Erneuerung führt. Auf weltlicher Ebene könnten Sie in diesem Monat einen unerwarteten Glücksfall erleben.*

*Ein wichtiges Ereignis wird Ihnen den Mut geben, einige Entscheidungen zu treffen, die Ihre Lebensqualität und die Ihrer Familie betreffen; Sie müssen sich gut überlegen, was zu tun ist.*

*Glückszahlen*
*1 - 10 - 12 - 18 – 21*

## Mai 2024

*In diesem Monat werden Sie wahrscheinlich Ihr Verantwortungsgefühl und Ihre Fähigkeit, sich vollkommen auf ein Projekt zu konzentrieren, ohne sich ablenken zu lassen, weiterentwickeln.*

*Ihre wichtigsten Eigenschaften in dieser Zeit sind Präzision, Ordnung und Geschicklichkeit.*

*Du kritisierst und überschätzt dich bis zum Perfektionismus. In diesem Monat wird Ihr Verstand kalt und berechnend arbeiten.*

*Sie werden beginnen, neue Dinge in der Liebe zu entdecken, und Sie werden überrascht sein, was Sie und Ihr Partner in Bezug auf dieses Thema tun können, hören Sie nicht auf, nach Möglichkeiten zu suchen, Ihre Intimität zu bereichern.*

*Eine Person, die Sie nicht kennen, wird Ihnen einen wertvollen Rat geben, lassen Sie Ihr Urteil nicht durch Misstrauen trüben.*

*Bei der Arbeit sollten Sie es vermeiden, über sich selbst oder private Angelegenheiten zu sprechen, denn das macht Sie vor Ihren Kollegen respektabel.*

*Ihr Wesen kann sich in diesem Monat in zwei Richtungen entwickeln: Einerseits zeigen Sie idealistische Tendenzen und fühlen sich zum Guten, zum Gerechten und Hohen hingezogen, andererseits haben Sie das Bedürfnis nach Bewegung, Abenteuern, freiem Leben und Reisen.*

*Es fällt Ihnen leichter, Freundschaften mit Menschen zu schließen, die von Ihrem Enthusiasmus und Ihrer kommunikativen guten Laune verführt werden. Ihr größerer Wunsch, Ihr Umfeld und Ihre Atmosphäre zu verändern, lässt Sie jede Veränderung, auch eine ungünstige, in Ihrem Dasein begrüßen.*

*Sie ziehen ein hektischeres und unbequemeres Leben einem strahlenden Schicksal in Unbeweglichkeit und Stagnation vor. Sie werden sich fröhlicher fühlen, auch wenn Sie immer wieder mit Hindernissen und Enttäuschungen konfrontiert werden.*

*Sie könnten neue finanzielle Verpflichtungen übernehmen oder mehr Geld verdienen. Sie haben das Bedürfnis zu reisen, ein Abenteuer zu erleben, eine gewisse Unabhängigkeit zu erlangen und sich geistig zu erweitern. In der Tat ist es eine ausgezeichnete Zeit, um Ihre Studien fortzusetzen oder sich langfristige Ziele zu setzen.*

### Glückszahlen
*16 - 17 - 25 - 26 – 35*

## Juni 2024

*In diesem Monat kann es in der Gruppe der Freunde, mit denen Sie normalerweise zusammen sind, zu Unstimmigkeiten kommen. Dies kann das Ergebnis von Klatsch und Tratsch von jemandem außerhalb der Gruppe sein.*

*Mitte des Monats interessieren Sie sich für politische Themen, und Sie zeigen Ihre rebellische Seite, wenn jemand nicht Ihrer Meinung ist.*

*Sie müssen darauf achten, dass Sie Ihrer Partnerin nicht die gesamte Verantwortung für die Instandhaltung des Hauses übertragen. Sie müssen in der Lage sein, sich in sie hineinzuversetzen.*

*In dieser Zeit sollten Sie eine Bestandsaufnahme Ihrer potenziellen Talente vornehmen und analysieren, ob es welche gibt, die Sie beiseitegelegt haben und die es wert sind, genutzt zu werden.*

*Sie haben vor, in diesem Monat ein großes Ereignis zu feiern, aber es ist wahrscheinlich, dass Sie die Feier verschieben müssen. Dies ist nicht der richtige Zeitpunkt für Feiern, sondern es ist besser, auf den richtigen Moment zu warten.*

*Das Ende des Monats kann als verflucht angesehen werden, da Sie wahrscheinlich schlechte Nachrichten bei der Arbeit erhalten werden. Sie sollten sich nicht entmutigen lassen, sondern versuchen, positiv zu denken.*

*Wenn Sie Zweifel an einer Situation haben, die sich auf Sie auswirken könnte, sollten Sie sich erkundigen, um zu sehen, was los ist. Haben Sie keine Angst, denken Sie daran, dass die Menschen oft nicht die ganze Wahrheit sagen wollen, aber es gibt Dinge, die Sie wissen müssen und nach denen Sie fragen sollten.*

*Jemand bei der Arbeit macht etwas falsch und Sie möchten Ihren Vorgesetzten davon erzählen. Das ist keine gute Idee. Am besten ist es, wenn Sie direkt mit der Person sprechen.*

*Sie sollten niemals ängstlich oder aufgeregt schlafen gehen, denn so rauben Ihnen Stress und Angst den Schlaf und Sie kommen nicht zur Ruhe.*

**Glückszahlen**
*11 - 17 - 18 - 23 - 24*

# *Juli 2024*

*In diesem Monat werden Sie sich bei der Arbeit ein wenig unsicher fühlen, und in Ihrem Berufsleben erwarten Sie Enttäuschungen. Wegen Ihrer Disziplinlosigkeit und Verantwortungslosigkeit könnten Sie eine schlechte Zeit haben.*

*Sie sollten keine Drogen konsumieren; diese schlechten Gewohnheiten trüben nur Ihre Sicht. Nehmen Sie keine eskapistischen Haltungen ein.*

*Während dieser Zeit werden Sie eine innere Leere in Ihrem Leben spüren, Sie werden das Gefühl haben, dass etwas fehlt. Die Lösung besteht darin, in Ihrem Unterbewusstsein nach Antworten zu suchen und Aspekte zu entdecken, die in Ihnen schlummern.*

*Mitte des Monats geraten Sie in einen Konflikt zwischen Ihrem Privat- und Berufsleben und müssen einen Teil Ihrer Arbeitszeit opfern, um dringende persönliche Probleme zu lösen.*

*Sie werden sich intellektuell verhalten und Ihre Ideen und Meinungen untermauern wollen. Sie werden mehr Bildungsaktivitäten übernehmen oder Forschungen betreiben, die diesem Zweck dienen können.*

*In dieser Zeit lernen Sie eine Vielzahl von Techniken und Sichtweisen kennen, die es Ihnen ermöglichen, Theorien, Konzepte und Methoden auf der Grundlage*

*Ihrer persönlichen Erfahrungen zu vergleichen und zu beurteilen.*

*Sie fragen sich vielleicht, was Sie an sich selbst ändern sollten, wenn Sie keinen Partner haben, und was Sie tun sollten, damit die Person, an der Sie interessiert sind, Sie in einem romantischen Ton anspricht. Die Antwort lautet: Nutzen Sie Ihre Sympathie und seien Sie Sie selbst. Tragen Sie keine Masken.*

**Glückszahlen**
*1 - 6 - 12 - 15 - 20*

## August 2024

*Wenn Sie diesen Monat Konflikte vermeiden wollen, müssen Sie lernen, sich an die Regeln zu halten. Vermeiden Sie es, die Person, die Sie interessiert, in ihren sozialen Netzwerken zu beobachten. Wenn er/sie davon erfährt, wird es ihm/ihr nicht gefallen.*

*Um mit anderen in Beziehung treten zu können, müssen Sie anerkennen, dass auch sie das Recht haben, sich frei zu äußern, so wie Sie es tun. Andernfalls wird das Zusammenleben unmöglich sein.*

*In dieser Zeit werden Sie sich mehr als sonst in Ihre Arbeit stürzen. Es ist eine Zeit, in der Sie verschiedene Möglichkeiten in Ihrem Beruf analysieren werden, und es werden sich Möglichkeiten ergeben, ein Unternehmen zu gründen.*

*Sie haben die Kraft, an die Spitze aufzusteigen. Mäßigen Sie Ihr dominantes Verhalten, denn es kann zu Problemen in Ihrem Beruf führen. Wenn Sie sich von Ihrem Ehrgeiz, erfolgreich zu sein, mitreißen lassen, werden Sie unüberlegte Handlungen begehen.*

*Du willst wieder in den Rhythmus deines Lebens zurückkehren. Im letzten Monat hatten Sie viele Veränderungen zu bewältigen, aber diesen Monat wollen Sie Ihr Leben wieder ins Gleichgewicht bringen. Dieser Monat wird wahrscheinlich stabil sein, wenn du lernst, dein Tempo zu halten.*

*Versuchen Sie, die täglichen Routineaktivitäten aufzugeben und sie durch aufregende Dinge zu ersetzen, um Ihre Beziehung zu beleben.*

*Es ist auch wichtig, die Beziehungen zu Ihren Freunden und Ihrer Familie zu stärken. Seien Sie nicht zu impulsiv, seien Sie subtil, helfen Sie mehr, ohne aggressiv zu sein. Details machen in vielen Beziehungen den Unterschied aus.*

*An Ihrem Arbeitsplatz kann es vorkommen, dass bestimmte Kollegen versuchen, Sie zu ärgern. Ignorieren Sie sie unbedingt, das sind absurde Launen.*

*Ihre Arbeit ist das Einzige, worauf Sie Ihre Aufmerksamkeit richten müssen, also arbeiten Sie konzentriert, damit Sie Erfolg haben können. Seien Sie positiv, wenn Sie jemandem gegenüberstehen.*

**Glückszahlen**
*1 - 12 - 19 - 24 - 28*

## September 2024

*In diesem Monat wird Ihre Gefühlswelt turbulent und instabil sein, was Ihr Liebesleben anbelangt. Sie müssen daran denken, dass Abwechslung keine Garantie für Zufriedenheit ist. Ständige Veränderungen in Ihren persönlichen Beziehungen können zu Frustration und nervösen Störungen führen.*

*Sie werden die Fähigkeit haben, Ihre Finanzen in Ordnung zu halten. Ihre Bankkonten werden gesund aussehen. Du hast gespart und wirst zusätzliches Geld für Spaß haben.*

*Es ist wichtig, dass Sie sich bewegen, aber auch Ihren Hobbys nachgehen, denn das hält Ihren Geist stark und aktiv.*

*Ihre Gesundheit wird recht gut sein, denn Sie werden sich energiegeladen fühlen. Aufgrund der Intensität* dieses Monats könnte deine Gesundheit ein wenig leiden. Freizeitaktivitäten werden Ihnen helfen, ein gutes körperliches und geistiges Gleichgewicht zu halten.

Ihr Freundeskreis wird sich erweitern, aber Sie werden sich nur oberflächlich mit ihnen verbunden fühlen.

Es ist wichtig, dass Sie lernen, dass eine gute persönliche Beziehung in beide Richtungen geht. Sie können nicht erwarten, dass die andere Person alles tut, was Sie wollen, während Sie Ihre absolute Freiheit behalten. Wenn Sie eine solche negative Einstellung auf Ihren Beruf übertragen, wird das Ergebnis katastrophal sein.

Sie besitzen eine scharfsinnige Mentalität und können manchmal so scharfsinnig werden, dass Sie zu Täuschungen neigen. Deine extreme Sensibilität gibt Dir die Fähigkeit zu erraten, was andere zu tun versuchen.

In diesem Monat kann es zu Selbsttäuschungen kommen, weil sich Ihre Vorstellungskraft von der Welt, in der wir leben, entfernt, was dazu führen kann, dass Sie Ihre Fantasien mit der Realität verwechseln.

Manchmal fühlen Sie sich entmutigt und haben kein Selbstvertrauen, weil Sie übermäßig sensibel sind und sich grundlos Sorgen machen. Ihre persönlichen

*Beziehungen könnten sich verschlechtern, weil Sie dazu neigen, in der Unwirklichkeit zu leben.*

*Es können unvorhergesehene Ausgaben auftauchen, die nicht nur unvermeidlich sind, sondern auch Ihr Bankkonto nahe an den Nullpunkt bringen werden.*

*Versuchen Sie, Ihre Ausgaben zu kontrollieren. Wenn Sie in diesem Monat keine finanziellen Probleme haben wollen, sollten Sie keinen Kredit aufnehmen.*

*Sie müssen Ihre Finanzen planen und ein Budget aufstellen. Vermeiden Sie alle rechtlichen Probleme.*

**Glückszahlen**
*9 - 17 - 22 - 25 – 28*

### *Oktober 2024*

*In diesem Monat fühlen Sie sich von Veränderungen überfordert und möchten Ihr Leben drastisch ändern. Es ist ratsam, dass du neue Wege in deinem Leben gehst.*

*Sie werden versuchen, drastische Entscheidungen für Ihre Karriere und Ihren Lebensstil zu treffen. Achten Sie darauf, Ihre Energie richtig einzusetzen, damit Sie das Beste erreichen und erfolgreich sein können. Deine Emotionen können dich auf den falschen Weg bringen, also achte darauf, dass du sie unter Kontrolle hast.*

*Mögliche Bedenken wegen früherer Probleme. Verlust oder Tod in Ihrer Nähe.*

*Sie müssen möglicherweise Geldstrafen zahlen.*

*Die Beziehung, in der Sie sich befinden, könnte aus Trotz enden. Das können Sie vermeiden, wenn Sie die richtigen Entscheidungen treffen. Sorgen Sie für Transparenz in Ihrem Liebesleben, indem Sie ein gutes Kommunikationsniveau aufrechterhalten, um Missverständnisse zu vermeiden. Es ist wichtig, dass Sie Ihrem Partner zuhören, wenn Sie wollen, dass Ihre Beziehung Bestand hat.*

*Es wird auch ein günstiger Monat für diejenigen sein, die ein Kind planen.*

*Wenn Sie alleinstehend sind, können Sie potenzielle Partner finden.*

*Die Arbeitsbelastung am Ende des Monats wird hoch sein. Sie sollten sich nicht verkrampfen; Sie müssen nur hart arbeiten, dann werden Sie alles unter Kontrolle haben.*

*Am Ende des Monats werden Sie sich in einer schwierigen Situation befinden, in der Sie Geld für Ihre engsten Verwandten ausgeben müssen. Es wird eine angespannte Situation sein, deshalb müssen Sie ruhig bleiben.*

***Glückszahlen***
*2 - 6 - 34 - 35 – 36*

## *November 2024*

*In diesem Monat wird Geld zu einer Quelle des Stresses, Sie beenden die Periode guter finanzieller Gesundheit und beginnen eine Tiefphase. Es wird eine Zeit ständiger Veränderungen in Ihrer persönlichen Wirtschaft sein, und Sie werden sich von materiellen Dingen trennen müssen, um Ihre ausstehenden Schulden begleichen zu können.*

*Als ob das nicht genug wäre, erleben Sie in diesem Monat vielleicht auch noch den Tod eines Familienmitglieds oder eines engen Freundes.*

*Ihre Art zu sein und Ihr Verhalten werden eine Metamorphose durchlaufen. Ihr Leben beginnt ein neues und anderes Kapitel, denn alle extremen Ereignisse werden Sie dazu bringen, extreme Veränderungen vorzunehmen. Sie werden vielleicht sogar Ihren Wohnsitz wechseln.*

*Versuchen Sie, bei Ihren Vorsätzen beharrlich zu bleiben, denn all diese Einflüsse werden dazu führen, dass Sie Ihre Einstellung mehrmals ändern müssen.*

*Sie müssen das Gleichgewicht halten und dürfen nicht materialistisch werden und andere Werte in Ihrem Leben beiseitelassen.*

*Erwarten Sie in Ihrem Beruf viele Irrungen und Wirrungen. Aber es wird sich Ihnen eine Vielzahl von Möglichkeiten bieten, die Sie nutzen können, um aus einem Rückstand herauszukommen.*

*Achten Sie darauf, dass Sie jede berufliche Chance nutzen und dass Ihre persönlichen Aktivitäten nicht gestreut sind.*

*Sie müssen sich um Ihre psychische Gesundheit kümmern. Achten Sie darauf, dass Sie sich keinen Stress machen, denn das könnte der Grund für einen Nervenzusammenbruch sein.*

*Achten Sie auf Ihr Stressniveau und versuchen Sie, geistig stark zu sein. Trainieren Sie, ohne an Ihre Grenzen zu gehen.*

### *Glückszahlen*
*3 - 4 - 12 - 18 - 28*

## *Dezember 2024*

*Wenn Sie einen Partner haben, werden Sie feststellen, dass Ihre Beziehung einige Veränderungen in der täglichen Routine benötigt. Wenn Sie das nicht tun, wird es zu Meinungsverschiedenheiten kommen, weil ein sehr geordnetes Leben nur begrenzt, möglich ist. Wenn Ihr Lebensstil zu geordnet ist, besteht die Gefahr einer Trennung oder eines Bruches.*

*Wenn Sie keinen Partner haben, werden Sie unerwartet ungewöhnliche Menschen treffen. In diesem Monat besteht die Tendenz zu flüchtigen oder extravaganten Romanzen.*

*In Rechtsangelegenheiten wird es unerwartete Veränderungen geben und das Ergebnis wird überraschend sein. Wenn Sie in der Politik tätig sind oder etwas mit Wirtschaft zu tun haben, werden Sie mit Verleumdungen konfrontiert.*

*Dieser Monat markiert das Ende einer beruflichen Phase und den Beginn einer anderen. Wenn du erwachsen bist, könnte es das Jahr deines Ruhestands sein. Wenn Sie jung sind, sind die Möglichkeiten anders, es könnte der Höhepunkt Ihrer Karriere sein.*

*Am Ende des Monats werden alle Geschäfte, die Sie beginnen, Früchte tragen, aber Sie werden die Ergebnisse erst im nächsten Jahr sehen.*

*Ihre neuen Ziele werden von Ihrer Familie beeinflusst, sie zielen auf die Festigung Ihrer Position und größere Stabilität ab.*

*Seien Sie vorsichtig mit verbotenen Liebschaften oder geheimen Beziehungen, die Ihr Wohlbefinden erschweren, besonders wenn Sie bereits einen offiziellen Partner haben.*

*Sie sollten versuchen, Ihr Selbstwertgefühl zu steigern und die Bedingungen Ihres derzeitigen Gefühlslebens zu analysieren, damit Sie die Minderwertigkeitskomplexe aufheben können.*

*Da das Jahresende näher rückt, kann es sein, dass Sie über Ihre beruflichen Entscheidungen im Unklaren sind.*

*Die Planeten werden 2025 in eine günstige Position kommen, und es wird ein gutes Jahr in beruflicher Hinsicht sein. Ihre Ambitionen werden zum Erfolg führen, wenn Sie sich weiterhin in die richtige Richtung bewegen.*

*Wenn Sie finanzielle Verpflichtungen haben, müssen Sie diese einhalten, damit Sie keine Risiken eingehen. Sie müssen versuchen, Geld zu sparen.*

*Für das kommende Jahr 2025 wird eine geringere Stressbelastung vorhergesagt. Planen Sie Ihre Finanzen und behalten Sie die Kontrolle über Ihre Ausgaben.*

**Glückszahlen**
*2 - 7 - 23 - 27 - 32*

# *Die Tarotkarten, eine rätselhafte und psychologische Welt.*

*Das Wort Tarot bedeutet "Königsweg", es ist eine jahrtausendealte Praxis, es ist nicht genau bekannt, wer das Kartenspiel im Allgemeinen und das Tarot im Besonderen erfunden hat; es gibt die unterschiedlichsten Hypothesen in diesem Sinne.*

*Einige sagen, dass sie in Atlantis oder Ägypten entstanden sind, andere wiederum glauben, dass die Tarots aus China oder Indien, aus dem alten Land der Zigeuner oder durch die Katharer nach Europa gekommen sind. Tatsache ist, dass Tarotkarten astrologische, alchemistische, esoterische und religiöse Symbolik destillieren, sowohl christliche als auch heidnische.*

*Wenn man bis vor kurzem das Wort "Tarot" erwähnte, stellten sich manche Leute einen Zigeuner vor, der in einem von Mystik umgebenen Raum vor* einer Kristallkugel sitzt, oder sie dachten an schwarze Magie oder Hexerei, aber das hat sich heute geändert.

Diese uralte Technik hat sich der neuen Zeit angepasst, sie hat sich mit der Technologie verbunden, und viele junge Menschen interessieren sich sehr dafür.

Junge Menschen haben sich von der Religion abgekapselt, weil sie glauben, dass sie dort nicht die Lösung für ihre Bedürfnisse finden, sie haben die Dualität der Religion erkannt, etwas, das bei der Spiritualität nicht der Fall ist. Überall in den sozialen Netzwerken findet man Konten, die dem Studium und den Tarot-Lesungen gewidmet sind, da alles, was mit Esoterik zu tun hat, in Mode ist, in der Tat werden einige hierarchische Entscheidungen unter Berücksichtigung des Tarots oder der Astrologie getroffen.

Bemerkenswert ist, dass die Vorhersagen, die normalerweise mit dem Tarot zu tun haben, nicht die gefragtesten sind, sondern die, die mit Selbsterkenntnis und spiritueller Beratung zu tun haben, am meisten nachgefragt werden.

Das Tarot ist ein Orakel, durch seine Zeichnungen und Farben, stimulieren wir unsere psychische Sphäre, den innersten Teil, der über das Natürliche hinausgeht. Viele Menschen wenden sich an das Tarot als spirituelle oder psychologische

*Führer, weil wir in unsicheren Zeiten leben, und dies drängt uns, Antworten in der Spiritualität zu suchen.*

*Es ist ein so mächtiges Werkzeug, das Ihnen konkret sagt, was in Ihrem Unterbewusstsein vor sich geht, so dass Sie es durch die Linse einer neuen Weisheit wahrnehmen können.*

*Carl Gustav Jung, der berühmte Psychologe, verwendete die Symbole der Tarotkarten in seinen psychologischen Studien. Er schuf die Theorie der Archetypen, in der er eine umfangreiche Summe von Bildern entdeckte, die in der analytischen Psychologie helfen.*

*Die Verwendung von Zeichnungen und Symbolen, die an ein tieferes Verständnis appellieren, wird in der Psychoanalyse häufig eingesetzt. Diese Allegorien sind ein Teil von uns und entsprechen den Symbolen unseres Unterbewusstseins und unseres Geistes.*

*Unser Unbewusstes hat dunkle Bereiche, und wenn wir visuelle Techniken verwenden, können wir verschiedene Teile davon erreichen und Elemente unserer Persönlichkeit enthüllen, die wir nicht kennen. Wenn Sie diese Botschaften durch die bildhafte Sprache des Tarots entschlüsseln können, können Sie wählen, welche Entscheidungen Sie im Leben treffen, um das Schicksal zu erschaffen, das Sie wirklich wollen.*

*Das Tarot mit seinen Symbolen lehrt uns, dass ein anderes Universum existiert, vor allem in der heutigen Zeit, in der alles so chaotisch ist und für alles eine logische Erklärung gesucht wird.*

### Der Mond, Tarotkarte für Krebs 2024

*Sie können getäuscht werden, sich selbst belügen oder anderen gegenüber betrügerisch handeln.*

*Diese Karte steht für Trennung, plötzliche Veränderungen und Enttäuschung.*

*Seien Sie vorsichtig, viele Dinge, die Sie vielleicht nicht wissen, können um Sie herum geschehen.*

*Nutze deine Telepathie und Intuition. Es deutet darauf hin, dass du dich in einer Phase befindest, in der deine Gefühle leichter an die Oberfläche kommen.*

*Diese Karte deutet auf Träume, das Okkulte und den weiblichen Teil eines jeden Menschen hin, der in dieser Phase präsent ist.*

*Das Beste, was Sie tun können, ist, Ihre Gefühle so natürlich und gleichmäßig wie möglich auszudrücken.*

*Haben Sie keine Angst vor Schmerz und genießen Sie Freude mit Intensität. Diese Karte steht auch für geheime Feinde, also höre auf deine Intuition, besonders im Geschäft und in der Liebe.*

*Es kann bedeuten, dass man sich mit Freunden oder Familienmitgliedern versöhnt, von denen man sich etwas entfremdet hat, wenn es vielleicht zu einer Trennung gekommen ist.*

*Es kann auch symbolisieren, dass Ihre inneren emotionalen Turbulenzen gelöst werden.*

# Runen des Jahres 2024

Runen sind eine Reihe von Symbolen, die ein Alphabet bilden. "Rune" bedeutet Geheimnis und symbolisiert den Klang eines Steins, der auf einen anderen trifft. Runen sind eine visionäre und magische Methode.

Runen werden nicht für exakte Vorhersagen verwendet, aber sie dienen als Wegweiser für ein zukünftiges Ereignis, ein Problem oder eine Entscheidung. Runen haben eine spezifische Symbolik für die Person, die es will, und Botschaften im Zusammenhang mit Herausforderungen im Leben.

# *MANNAZ, Rune des Krebses 2024*

Diese Rune sagt dir, dass du, um andere zu verstehen, zuerst dich selbst verstehen musst. Sie sagt voraus, dass es Veränderungen auf deinem Weg gibt. Sie erinnert dich daran, dass du zwar andere verändern willst, es aber nicht kannst, nur du selbst kannst dich verändern. Bleiben Sie Ihren Prinzipien treu und den Menschen um Sie herum. Auf diese Weise lernen Sie sich selbst kennen und können die Realität genauer erkunden. Konzentrieren Sie sich auf das Hier und Jetzt.

Dieses Jahr 2024 fordert Ihre innere Weiterentwicklung. Versuche, dich zu verändern, damit du dich an die neue Umgebung anpassen kannst. Diese Rune erinnert dich daran, dass der Ursprung der Transformation du selbst bist, also sei bereit, die Veränderungen deines Herzens zu akzeptieren.

Sie leben in einer etwas nebulösen Zeit, deshalb müssen Sie daran denken, dass der Boden zuerst gedüngt wird, bevor Sie ihn bebauen, kurz gesagt, Sie müssen geduldig sein.

Schauen Sie in Ihr Unterbewusstsein, entdecken Sie Ihre Schwächen, schätzen Sie Ihre Eigenschaften und kontrollieren Sie, wie Sie kommunizieren. Du musst aufrichtig sein und dich selbst mit Würde beurteilen. Diese Rune ist mit Einfachheit verbunden und rät dir, dich mit Respekt auf deine Aufgaben zu konzentrieren.

*Mannaz kündigt eine Periode des persönlichen Wachstums an, in der ein neuer Ansatz und eine neue Art des Handelns und der Problembetrachtung der Ausgangspunkt sein werden.*

## Glückliche Farben

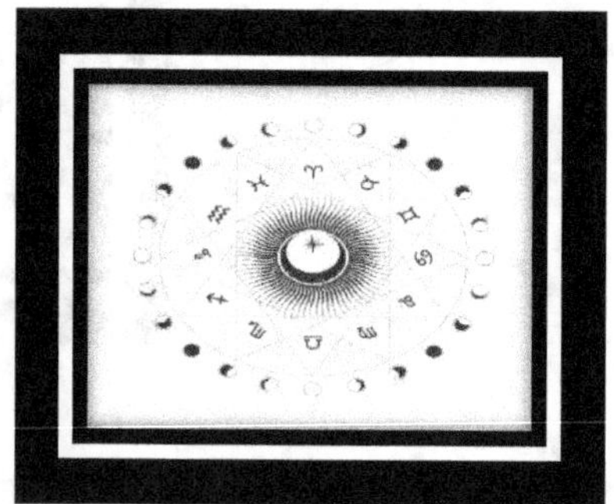

*Farben haben eine psychologische Wirkung auf uns; sie beeinflussen unsere Wertschätzung von Dingen, unsere Meinung über etwas oder jemanden und können dazu dienen, unsere Entscheidungen zu beeinflussen.*

*Die Traditionen zur Begrüßung des neuen Jahres variieren von Land zu Land, und in der Nacht zum 31. Dezember ziehen wir Bilanz über all die positiven und negativen Dinge, die wir im zu Ende gehenden Jahr erlebt haben. Wir beginnen zu überlegen, was wir tun können, um unser Glück im neuen Jahr zu verbessern.*

*Es gibt mehrere Möglichkeiten, positive Energien zu uns zu ziehen, wenn wir das neue Jahr empfangen, und eine davon ist, Accessoires in einer bestimmten Farbe zu tragen, die das anzieht, was wir uns für den Beginn des Jahres wünschen.*

*Farben haben energetische Ladungen, die unser Leben beeinflussen, daher ist es immer ratsam, das Jahr in einer Farbe zu beginnen, die die Energien dessen anzieht, was wir erreichen wollen.*

*Dafür gibt es Farben, die mit jedem Sternzeichen positiv schwingen. Die Empfehlung ist also, dass Sie die Kleidung mit dem Farbton tragen, der Sie im Jahr 2024 Wohlstand, Gesundheit und Liebe anziehen lässt. (Diese Farben können auch während des restlichen Jahres für wichtige Anlässe oder zur Verschönerung Ihrer Tage verwendet werden).*

*Denken Sie daran, dass es zwar üblich ist, rote Unterwäsche für die Leidenschaft, rosa für die Liebe und gelb oder Gold für den Reichtum zu tragen, dass es aber nie zu viel ist, die Farbe in unsere Kleidung aufzunehmen, die unserem Sternzeichen am meisten entspricht.*

# *Krebs*

## **Rot**

*Die Schlüsselwörter für Rot sind Anziehungskraft, Liebe, Leidenschaft, Verlangen, Liebe.*

*Rot symbolisiert Macht. Diese Farbe wird mit Vitalität und Ehrgeiz in Verbindung gebracht. Sie steht auch für Stärke, Entschlossenheit und Kraft und wird verwendet, um Aufmerksamkeit zu erregen.*

*Rot steht für Zuversicht, Mut und eine optimistische Einstellung zum Leben.*

*Sie hat einen negativen Aspekt: Sie kann Wut ausdrücken. Wenn wir von zu viel Rot umgeben sind, kann es uns negativ beeinflussen und uns reizbar, ungeduldig und nonkonformistisch machen.*

*Wenn Sie Rot tragen, fühlen Sie sich selbstbewusst und sind bereit, überall aufzufallen. Selbst wenn es Ihnen an Selbstvertrauen mangelt, wird Ihre Aura die positive Energie von Rot aufnehmen, und jeder wird sich zu Ihnen hingezogen fühlen.*

*Es gibt ein Phänomen, das als "Rot-Effekt" bezeichnet wird und besagt, dass Menschen, die Farben verwenden, die Wahrnehmung anderer beeinflussen.*

### Glücksbringer

*Wer besitzt nicht einen Glücksring, eine Kette, die nie abfällt, oder einen Gegenstand, den er für nichts auf der Welt hergeben würde? Wir alle schreiben bestimmten Gegenständen, die uns gehören, eine besondere Kraft zu, und dieser besondere Charakter, den sie für uns annehmen, macht sie zu magischen Gegenständen.*

*Damit ein Talisman wirken und die Umstände beeinflussen kann, muss sein Träger an ihn glauben, was ihn in ein wunderbares Objekt verwandelt, das in der Lage ist, alles zu erreichen, was von ihm verlangt wird.*

*Im alltäglichen Sinn ist ein Amulett ein Gegenstand, der das Gute besänftigt, um Böses, Unheil, Krankheiten und Hexerei zu verhindern.*

*Glücksbringer können Ihnen helfen, ein Jahr 2024 voller Segen in Ihrem Haus, Arbeit, mit Ihrer Familie zu haben, Geld und Gesundheit zu gewinnen.*

*Damit die Amulette richtig funktionieren, darfst du sie nicht verleihen und musst sie immer bei dir haben.*

*Amulette gab es in allen Kulturen und sie werden aus Elementen der Natur hergestellt, die als Katalysatoren für Energien dienen, die dazu beitragen, menschliche Wünsche zu erfüllen.*

*Dem Amulett wird die Macht zugesprochen, Böses, Zauber, Krankheiten und Katastrophen abzuwehren oder böse Wünsche, die durch die Augen anderer gewirkt werden, abzuwehren.*

### *Krebs-Amulett*

## *Das ägyptische Ankh-Kreuz*

*Das ägyptische Kreuz, eines der ältesten und wichtigsten Amulette des alten Ägyptens, steht für Leben und Unsterblichkeit.*

*Ein Talisman, der Ihnen Kraft, Fülle und Schutz vor Unglück schenken wird. Es wird angenommen, dass die Ägypter es als Amulett für gute Gesundheit verwendeten. Es war ein Amulett, das zu Lebzeiten verwendet und mit ins Grab genommen wurde.*

*Er hat magische Eigenschaften und ist auch als "ägyptischer Schlüssel der Weisheit" bekannt. Er hat die Macht, den Menschen zu helfen, alle Geheimnisse des Universums zu verstehen.*

*Dieses Schutzamulett wehrt das Böse und negative Energien ab.*

## *Glücksquarz*

*Wir alle fühlen uns zu Diamanten, Rubinen, Smaragden und Saphiren, also zu Edelsteinen, hingezogen. Halbedelsteine wie Karneol, Tigerauge, weißer Quarz und Lapislazuli werden ebenfalls sehr geschätzt, da sie schon seit Tausenden von Jahren als Schmuck und Machtsymbol verwendet werden.*

*Was viele nicht wissen, ist, dass sie nicht nur wegen ihrer Schönheit geschätzt wurden: Jede von ihnen hatte eine heilige Bedeutung, und ihre heilende Wirkung war ebenso wichtig wie ihr dekorativer Wert.*

*Die meisten Menschen kennen die bekanntesten Kristalle wie Amethyst, Malachit und Obsidian, aber heutzutage sind auch neue Kristalle wie Lari Mär, Petalit und Phenakit bekannt geworden.*

*Ein Kristall ist ein fester Körper mit geometrisch regelmäßiger Form, Kristalle entstanden bei der Entstehung der Erde und haben sich im Laufe der Veränderungen des Planeten immer weiter gewandelt, Kristalle sind die DNA der Erde, sie sind Miniaturspeicher, die die Entwicklung unseres Planeten über Millionen von Jahren enthalten.*

*Einige wurden unter außerordentlichem Druck gebogen, andere wuchsen in tief unter der Erde vergrabenen Kammern heran, wieder andere wurden durch Tropfen ins Leben gerufen. Unabhängig von ihrer Form kann ihre kristalline Struktur Energie absorbieren, bewahren, bündeln und abgeben.*

*Das Herzstück des Kristalls ist das Atom, seine Elektronen und Protonen. Das Atom ist dynamisch und besteht aus einer Reihe von Teilchen, die sich in ständiger Bewegung um das Zentrum drehen, so dass der Kristall, auch wenn er unbeweglich zu sein scheint, eine lebendige Molekülmasse ist, die mit einer bestimmten Frequenz schwingt, und das ist es, was dem Kristall Energie verleiht.*

*Edelsteine waren früher ein königliches und priesterliches Vorrecht. Die Priester des Judentums trugen eine mit Edelsteinen besetzte Plakette auf der Brust, die weit mehr als ein Emblem zur Kennzeichnung ihrer Funktion war, denn sie übertrug Macht auf den Träger.*

*Seit der Steinzeit haben die Menschen Steine getragen, da sie eine Schutzfunktion hatten und ihre Träger vor verschiedenen Übeln bewahrten. Die heutigen Kristalle haben die gleiche Kraft, und wir können unseren Schmuck nicht nur nach ihrer äußeren Attraktivität auswählen. Sie in unserer Nähe zu haben, kann unsere Energie steigern (orangefarbener Karneol), den Raum um uns herum reinigen (Bernstein) oder Reichtum anziehen (Citrin).*

Bestimmte Kristalle wie Rauchquarz und schwarzer Turmalin können Negativität absorbieren und eine reine und saubere Energie ausstrahlen.

Ein schwarzer Turmalin, den man um den Hals trägt, schützt vor elektromagnetischen Ausstrahlungen, auch vor denen von Mobiltelefonen. Ein Citrin zieht nicht nur Reichtum an, sondern hilft auch, ihn zu bewahren, indem man ihn im wohlhabenden Teil des Hauses platziert (hinten links, weit weg von der Eingangstür).

Wenn Sie auf der Suche nach Liebe sind, können Kristalle Ihnen helfen. Stellen Sie einen Rosenquarz in die Beziehungsecke Ihres Hauses (die hintere rechte Ecke, die am weitesten von der Eingangstür entfernt ist), seine Wirkung ist so stark, dass Sie vielleicht einen Amethyst hinzufügen möchten, um die Anziehung auszugleichen.

Du kannst auch Rhodochrosit verwenden, die Liebe wird deinen Weg finden.

Einige Kristalle enthalten Mineralien, die für ihre therapeutischen Eigenschaften bekannt sind. Malachit hat eine hohe Konzentration an Kupfer, und das Tragen eines Malachit-Armbandes ermöglicht es dem Körper, minimale Mengen an Kupfer aufzunehmen.

Lapislazuli lindert Migräne, aber wenn die Kopfschmerzen durch Stress verursacht werden, lindern Amethyst, Bernstein oder Türkis oberhalb der Augenbrauen die Schmerzen.

Quarze und Mineralien sind Juwelen von Mutter Erde. Geben Sie sich die Gelegenheit und verbinden Sie sich mit der Magie, die sie ausstrahlen.

### Glücksquarz für Krebs 2024

### Onyx

Ein Schutzquarz, der die Aura reinigt. Der Legende nach entstand dieser Stein, als Venus schlief und Amor ihre Nägel schnitt, so dass sie auf den Boden fielen und diese Nägel in wunderbare Steine verwandelt wurden, die Onyx getauft wurden.

In Zeiten des Stresses hilft er, umsichtige Entscheidungen zu treffen und seine beruflichen Ziele zu erreichen, wenn man ihn als Amulett trägt.

Er ist ein kraftvoller Stein mit psychologischen Vorteilen, die ihn zu einer bewundernswerten Wahl zur Unterstützung von Menschen machen, die unter Angstzuständen leiden. Seine Eigenschaften verbinden Sie mit Ihren spirituellen Führern, und Sie werden alles klarer sehen können.

## *Kompatibilität von Krebs und den Tierkreiszeichen*

*Der Krebs ist ein Wasserzeichen, das durch eine Krabbe symbolisiert wird, die zwischen dem Meer und dem Ufer wandelt, eine Fähigkeit, die sich auch in seiner Fähigkeit widerspiegelt, emotionale und physische Zustände zu verschmelzen.*

*Die Intuition des Krebses, die von seiner emotionalen Seite kommt, manifestiert sich in einer greifbaren Art und Weise, und da Sicherheit und Ehrlichkeit für dieses Zeichen an erster Stelle stehen, kann es anfangs ein wenig kalt und distanziert sein.*

*Der Krebs offenbart nach und nach seinen sanften Geist, sein echtes Mitgefühl und seine hellseherischen Fähigkeiten. Wenn Sie Glück haben und ihr Vertrauen gewinnen, werden Sie feststellen, dass sie trotz ihrer anfänglichen Schüchternheit gerne teilen.*

*Für diesen Liebhaber ist ein Partner das größte Geschenk, und er belohnt Beziehungen mit seiner unverwüstlichen Loyalität, Verantwortung und emotionalen Unterstützung. Er neigt dazu, sehr häuslich zu sein, und sein Zuhause ist ein persönlicher Tempel, ein Bereich, in dem er seine Persönlichkeit zum Ausdruck bringen kann.*

*Mit seinen häuslichen Fähigkeiten ist der Krebs auch ein hervorragender Gastgeber. Wundern Sie sich nicht, wenn Ihr Krebs-Partner Ihnen gerne mit selbst gekochten Mahlzeiten schmeichelt, denn es gibt nichts, was er mehr liebt als natürliche Lebensmittel. Der Krebs ist auch sehr besorgt um seine Freunde und seine Familie; er liebt es, die Rolle des Beschützers zu übernehmen, die es ihm ermöglicht, leidenschaftliche Bindungen mit seinen engsten Gefährten zu schaffen. Vergessen Sie aber nie, dass der Krebs, wenn er sich emotional auf jemanden einlässt, Gefahr läuft, die Grenze zwischen Fürsorge und Kontrolle zu verwischen.*

*Der Krebs hat auch eine unbeständige Natur wie der Mond und neigt zu Instabilität. Der Krebs ist das mürrischste Zeichen des Tierkreises. Ihre Partner müssen lernen, ihre emotionalen Schwankungen zu schätzen, und natürlich muss der Krebs auch seine eigene Sentimentalität kontrollieren.*

*Seine defensiven Gewohnheiten haben eine Kehrseite, und wenn er sich provoziert fühlt, wird er nicht zögern, sich zu verteidigen. Der Krebs sollte daran denken, dass gelegentliche Fehler und Streitereien seinen Partner nicht zum Feind machen. Darüber hinaus sollten Sie sich energisch darum bemühen, in Ihren Beziehungen präsent zu sein.*

*Als gefühlsbetontes und introspektives Zeichen ist es für sie leicht, sich die meiste Zeit in sich selbst zurückzuziehen. Wenn sie in einer Beziehung nicht präsent bleiben, kann es sein, dass ihr Partner nicht mehr an ihrer Seite ist, wenn sie das nächste Mal aus ihrem Schneckenhaus herauskommen. Der Krebs ist ein guter Zuhörer, und wenn er aus sich herausgeht, ist er ein emotionaler Schwamm. Ihr Krebs-Partner saugt Ihre Gefühle auf, was manchmal unterstützend, manchmal aber auch erdrückend sein kann. Es ist nicht leicht zu erkennen, ob der Krebs Sie nachahmt oder sich wirklich in Sie einfühlt, aber da er so sehr mit seinem Partner verbunden ist, macht das keinen Unterschied.*

*Wenn die emotionale Unterstützung des Krebses Ihrer Persönlichkeit in die Quere kommt, sollten Sie sie loslassen. Dieses empfindsame Sternzeichen lässt sich auch von der kleinsten Meinung nicht aus der Ruhe bringen, und obwohl er direkte Konflikte vermeidet, indem er in Schräglage geht, kann er auch seine Backenzähne benutzen.*

*Dieses charakteristische unbekümmerte und provokante Verhalten ist zu erwarten, und es ist selten, dass man mit Krebs ausgeht, ohne mindestens einmal eine Kostprobe seiner charakteristischen schlechten Laune zu bekommen.*

*Wegen der Sensibilität des Krebses ist es nicht leicht, mit ihm zu streiten, aber mit der Zeit werden Sie lernen, welche Worte Sie sagen sollten und, was vielleicht noch wichtiger ist, welche Sie vermeiden sollten. Seien Sie sich bewusst, was Ihren Partner stört, und mit der Zeit wird es einfacher werden, schwierige Dialoge zu führen. Es ist wichtig zu wissen, wie dieses magische Wesen in seinen besten und schlechtesten Momenten funktioniert. Das Wichtigste ist, sich daran zu erinnern, dass der Krebs nie so gleichgültig ist, wie er aussieht.*

*Das Schwierigste beim Krebs ist, seine harte und starre Oberfläche zu durchbrechen. Aus diesem Grund ist beim Flirten mit dem Krebs Toleranz der Schlüssel. Gehen Sie langsam und stetig vor, und mit der Zeit werden Sie das Vertrauen gewinnen, Ihr wahres Ich zu offenbaren. Natürlich kann dies ein langwieriger und komplizierter Prozess sein, und der kleinste Fehler kann den Krebs in die Defensive bringen, so dass zwei Schritte vorwärts zu einem Schritt zurück werden können. Lassen Sie sich nicht entmutigen, es ist nichts Persönliches, es ist nur die Physiologie eines Krebses.*

*Der Krebs kann zwanglosen Sex haben, aber dieses süße Wasserzeichen bevorzugt Beziehungen, die emotionale Intimität beinhalten.*

*Denken Sie daran, dass der Krebs sich erst einmal wohlfühlen muss, bevor er aus seinem Schneckenhaus herauskommt, und das ist besonders wichtig, wenn es um Sexualität geht. Das Vertrauen des Krebses wird durch körperliche Nähe gestärkt. Sie können eine sexuelle Beziehung mit dem Krebs aufbauen, indem Sie ihn langsam und schrittweise integrieren, und sein*

*Tempo und seine Zärtlichkeiten zulassen. Auf diese Weise kann sich der Krebs mit der Verschmelzung von emotionalem und körperlichem Ausdruck wohler fühlen und sicherstellen, dass er sich geschützt fühlt, bevor Sie mit der Liebe beginnen.*

*Obwohl der Krebs geduldig ist und dazu neigt, loyal zu sein, da er sich von seinem Partner beschützt und verstanden fühlen muss, kann er Intimität mit einer anderen Person suchen, wenn er das Gefühl hat, dass diese Ansprüche nicht erfüllt werden.*

*Der Krebs kann sehr boshaft sein, so dass jede geheime Beziehung berechnet wird, und eine verirrte Krabbe wird es notwendig machen, seinen Unfug zu Grabe zu tragen, wird er zusätzliche Maßnahmen ergreifen, um zu verhindern, dass die Begegnung entdeckt wird, indem er die Beweise am Meeresufer vergräbt.*

*Auch die treueste Krabbe hat Geheimnisse, aber das bedeutet nicht, dass sie schlecht oder böse ist. Jeder verdient es, bestimmte Dinge für sich zu behalten, und ein kleines Geheimnis verleiht der Beziehung eine besondere Note.*

*Dem Krebs fällt es nicht leicht, eine ernsthafte und feste Beziehung einzugehen, und wenn er sich sicher fühlt, wird er nicht wollen, dass sie zerbricht.*

*Der Krebs neigt dazu, in einer Beziehung zu bleiben, auch wenn der Funke nicht mehr überspringt, denn er ist im Grunde seines Herzens sentimental. Aber natürlich sind nicht alle Beziehungen dazu bestimmt, ewig zu halten.*

*Dieses Wasserzeichen gibt nicht vor, rachsüchtig zu sein, aber wenn sein Herz gebrochen ist, weiß er, wie er Grenzen setzen kann. Indem er Ihre Telefonnummer löscht, Sie blockiert und Ihnen in den sozialen Medien nicht mehr folgt, kann er sich während einer Trennung vor Schmerz schützen. Wenn Ihre Beziehung mit dem Krebs zu Ende geht, sollten Sie also mit einer gründlichen Liste von Regeln rechnen. Der Krebs kann idealistisch sein, und dieses Wasserzeichen ist zweifellos auf der Suche nach seiner Abschrift einer Romanze. Allerdings verhält es sich mit jedem Sternzeichen anders.*

***Krebs und Widder sind eine** schwierige Beziehung. Die ehrgeizige Einstellung des Widders steht im Gegensatz zu der tiefen Zärtlichkeit des Krebses. Infolgedessen kann sich der Widder von der Bedürftigkeit des Krebses erdrückt fühlen, und der Krebs kann sich von der positivistischen Natur des Widders im Stich gelassen fühlen.*

*Der Krebs mag auch keine direkten Konflikte und zieht es vor, wie sein astrologisches Symbol, der Krebs, schwierigen Situationen auszuweichen, anstatt sich Konflikten direkt zu stellen, wie es beim Widder üblich ist. Der Widder ist diesen passiven Tendenzen gegenüber nicht sehr freundlich gesinnt, so dass sich diese Beziehung manchmal als schwierig erweisen kann.*

*In der Partnerschaft mit dem Widder muss der Krebs einen direkteren Ansatz zur Konfliktlösung wählen. Der Widder wird deine Gelassenheit zu schätzen wissen, und diese Argumentation wird es beiden Zeichen ermöglichen, eine unzerstörbare Verbindung zu schaffen. Wenn sie lernen, sich zu respektieren, können sie sich auf eine langanhaltende Beziehung freuen, die auf Liebe und Unterstützung beruht.*

***Krebs und Stier*** *sind beide romantisch und verstehen es, sich gegenseitig die nötige emotionale Unterstützung zu geben. Obwohl sie dazu neigen, besitzergreifend zu sein, bringt der Stier dem sensiblen Krebs Sicherheit und Loyalität, und die sanfte verführerische Art des Krebses zieht ihn an.*

*Zu Reibereien kommt es erst, wenn die beiden anfangen, sich gegenseitig Vorwürfe zu machen. Wenn der Krebs eifrig an seinen Zangen reibt, wird der Stier anfangen, seinen Groll in sich aufzustauen, was schließlich in einem gigantischen Stierkampf ausbrechen wird. Im günstigsten Fall können sie Spannungen vermeiden, indem sie eine ehrliche*

*Kommunikation pflegen und die Gaben des anderen schätzen.*

***Krebs und Zwillinge*** *sind eine lustige Beziehung. Der sensible, wässrige Krebs braucht viel Zuneigung von seinem Partner, um sich sicher und geliebt zu fühlen. Zunächst werden Sie sich fragen, wie der spontane Zwilling, der so viel Freiheit genießt, um seine vielfältigen Interessen zu erkunden, dazu passen kann. Als veränderliches Luftzeichen ist er aber auch sehr flexibel.*

*Wenn der Krebs seine Bedürfnisse klar benennen kann, wird der Zwilling darauf hinarbeiten, sie zu erfüllen. Zwillinge können auch gleichgültig und zurückgezogen sein, während der Krebs ein Meer von Emotionen ist, aber wenn Zwillinge bereit sind, sich in den Krebs einzufühlen, kann dies eine liebevolle und ziemlich unterhaltsame Beziehung sein.*

***Krebs und Krebs****, das kann eine dauerhafte Beziehung sein. Wenn sich zwei Krebse zusammentun, ist das eine echte Liebesaffäre. Sensibel und instinktiv wissen sie, wie sie die emotionale Unterstützung, die der andere anstrebt, erleichtern können.*

*Sie sind beide Stubenhocker und genießen es, Zeit miteinander zu verbringen, im Bett oder auf der*

*Couch zu kuscheln oder eine gemütliche Atmosphäre in der gemeinsamen Wohnung zu schaffen. Es kann jedoch zu Schwierigkeiten kommen, wenn sie es sich zu bequem machen.*

*Wenn diese ozeanischen Liebenden daran denken, sich gegenseitig zu ermutigen und ihre harte Schale zu öffnen, um dem anderen voll zu vertrauen, kann dies eine unsterbliche Beziehung sein.*

***Krebs und Löwe**, das ist nicht gerade ein einfaches Paar, aber das bedeutet nicht, dass es unwahrscheinlich ist, denn so seltsam es auch erscheinen mag, der Krebs und der Löwe haben eine Menge gemeinsam. Sowohl der Krebs als auch der Löwe verlangen auf ihre Weise nach Liebe, Dankbarkeit und Bestätigung.*

*Während der dramatische Löwe nach Komplimenten und Loyalität strebt, möchte der sensible Krebs gebraucht und verstanden werden. Das Rezept für Konflikte zwischen diesen Zeichen ist offensichtlich.*

*Der Löwe, der so dramatisch ist und sich nach dem Beifall seiner Umgebung sehnt, und der Krebs, der ein Stubenhocker ist, fühlen sich ungeliebt, was dazu führt, dass der Löwe die Trockenheit des Krebses persönlich nimmt, und hier beginnen sie zu streiten.*

*Wenn jedoch sowohl der Krebs als auch der Löwe ihre Gefühle im Griff haben, ist es nicht schwer, diese Art von Konflikt zu vermeiden.*

*Ein offener Dialog und viel Zärtlichkeit werden dazu beitragen, diese romantische Beziehung zu stärken.*

***Krebs und Jungfrau**, obwohl es offensichtliche Unterschiede zwischen ihnen gibt, weil der Krebs von Emotionen bewegt wird, während die Jungfrau von der Logik bewegt wird, können sie ein starkes Paar bilden, auch wenn sie ein wenig getäuscht werden müssen.*

*Während Krebs und Jungfrau sich kennenlernen, gibt es in der Beziehung viele Stolpersteine und häufige Vorwärts- und Rückwärtsbewegungen. Sobald jedoch Vertrauen aufgebaut ist, ist dieses Paar wirklich tief. Obwohl keiner von beiden anfangs gerne über seine Gefühle spricht, können sie, wenn sie sich gleichermaßen engagieren, Sicherheit in ihrem gegenseitigen Respekt und Selbstvertrauen finden.*

***Krebs und Waage**: Zu Beginn des Werbens verwirrt die zurückhaltende Haltung des Krebses die Waage, die sich unermüdlich bemüht, den mürrischen Krebs zu beeindrucken. Im Gegensatz dazu machen Waage*

*Kommunikation und ihr sehr kokettes Auftreten den Krebs misstrauisch gegenüber ihren Absichten.*

*Sarkastisch fürchten sowohl Krebs als auch Waage, dass das andere Zeichen ihnen auf die Nerven geht. Sobald der Krebs jedoch die Eigenheiten der Waage akzeptiert und die Waage den zarten Geist des Krebses versteht, können die beiden harmonisch miteinander umgehen.*

***Krebs und Skorpion**, die dem Wasserelement angehören, haben hier eine pastöse Beziehung. Der Krebs ist ein sehr sensibles Wesen, das erst einmal Vertrautheit und Loyalität aufbauen muss, bevor es seine Schwächen offenbaren kann.*

*Daher ist der gleichgesinnte Skorpion ein wunderbarer Partner für das zarte Krustentier.*

*Diese Verbindung basiert auf tiefer Intuition und übersinnlichen Fähigkeiten, so dass Krebs und Skorpion oft mit nonverbalen Ausdrucksformen kommunizieren können. Krebs und Skorpion können sehr impulsiv sein, beide tragen eine Menge Emotionen in sich, aber sie wissen, wie sie sich gegenseitig helfen können, indem sie den Weg für ihre dunklen Momente erleuchten. Letztendlich suchen sie beide dasselbe: Intimität.*

*Da der Skorpion sehr besitzergreifend ist, sollte sich der Krebs darauf einstellen können, indem er immer wieder seine Liebe zeigt.*

*Krebs und Skorpion lieben das gute Leben. Mit einem majestätischen Haus und mit Luxus geschmückt.*

***Krebs und Schütze***, *eine schwierige, aber nicht unmögliche Beziehung zu Beginn, jede dieser beiden sehr unterschiedlichen Energien kann von den Unterschieden des anderen angezogen werden.*

*Der Schütze redet schnell und wird durch den Geist des Krebses gestärkt, während der Krebs von der mühelosen Zartheit des optimistischen Schützen verzaubert ist. Die Abenteuerlust des Schützen verträgt sich nicht gut mit den häuslichen Wünschen des Krebses.*

*In einem Paar mit Menschen dieser Zeichen Krebs sollte daran denken, dass das Haus ist, nicht ein Gebiet, sondern ein Zustand des Geistes.*

*Ebenso wird der Schütze verstehen müssen, dass Stabilität nicht Kerker bedeutet. Wenn sie bereit sind, ihre Wertschätzung ein wenig zu ändern, gibt es hohe Erwartungen für diese Beziehung.*

*Obwohl **Krebs und Steinbock** astrologisch gesehen gegensätzlich sind, teilen sie ähnliche Werte: Beide* *legen großen Wert auf Familie und Freunde sowie auf den Aufbau einer nachhaltigen Zukunft. Obwohl er scheinbar weniger emotional ist als der Krebs, schätzt der hart arbeitende Steinbock die Sensibilität des Krebses sehr.*

*Die Intuition des Krebses wiederum kann der praktischen Seite des Steinbocks eine dringend benötigte Spiritualität hinzufügen.*

*Die Beziehung zwischen Krebs und Steinbock ist perfekt, weil beide Zeichen gerne nisten und sichere Räume schaffen.*

*Da beide jedoch Veränderungen fürchten, müssen Krebs und Steinbock hart daran arbeiten, dass ihre Beziehung nicht stagniert.*

*Schließlich müssen sie sich nicht jeden Abend vor dem Kamin einkuscheln. Es ist auch in Ordnung, von Zeit zu Zeit draußen Spaß zu haben.*

***Krebs und Wassermann****: Auch wenn diese Beziehung auf den ersten Blick seltsam erscheinen mag (der Krebs ist recht traditionell, während der Wassermann äußerst fortschrittlich ist), sind beide Zeichen innovative Denker mit brillanten Ideen, wie man kreativ und wirkungsvoll in der Welt leben kann.*

*Ihre Perspektiven sind jedoch sehr unterschiedlich. Die Ansichten des Krebses spiegeln immer seine* unmittelbare Realität wider, während der Wassermann in 30.000 Fuß Höhe theoretisiert. Infolgedessen kann es in einem Krebs-Wassermann-Paar zu einigen Unstimmigkeiten kommen.

Sie sollten sich dafür einsetzen, dass die Bedürfnisse aller berücksichtigt werden.

**Krebs und Fische**, das ist eine Beziehung, in der die Krabbe endlich ihren leidenschaftlichen Partner finden kann. Wenn es eine Sache gibt, die Fische und Krebse verbindet, dann ist es, dass beide der Liebe den wichtigsten Platz in ihrem Leben einräumen.

Sie glauben beide, dass die Liebe die treibende Kraft ist, die uns die Kraft gibt, im Leben zu bestehen.

Die starke Leidenschaft, die sie beide für ihre Partner empfinden, lässt sie einander in die Arme laufen und fallen.

Die einzige Schwierigkeit besteht darin, dass die Fische immer in den Wolken leben und die Zukunft ignorieren, was für den Krebs von grundlegender Bedeutung ist.

Wenn das Krustentier seine Pläne nicht verwirklicht sieht, entscheidet es sich, die Beziehung zu beenden.

Aber im Allgemeinen haben sie ähnliche Gefühle, was sie zu einem beneideten Paar macht.

Beide lieben es, intime Dinge miteinander zu teilen, und die Wärme von Krebs und Fische deutet auf eine engagierte Beziehung hin, in der es leicht sein wird, einen Konsens zu finden.

### Krebs und Berufung

Als Anwalt oder Psychoanalytiker kann der Krebs Menschen helfen. Die Meereskunde ist eine besondere Berufung des Krebses, da der Krebs sein Tierkreiszeichen ist und eine starke Verbindung zum Meer hat. Als Koch oder Bäcker können sie ihre kreativen Fähigkeiten ausleben und ihre Kunden mit ihren Mahlzeiten verwöhnen.

### Beste Berufe

Der Krebs ist äußerlich hart, aber innerlich sehr sanft. Dieses vom Mond regierte Zeichen ist sehr rätselhaft. Sie sind sehr energisch, fantasievoll und beschützend. Der Krebs eignet sich hervorragend für Berufe in den Bereichen Krankenpflege, Psychologie, Recht, Erziehung und Erwachsenenpflege.

## Zeichen, mit denen man keine Geschäfte machen sollte

Wassermann und Zwillinge, denn der Krebs neigt dazu, in der Vergangenheit zu leben, Wassermann und Zwillinge nie zurückblicken.  Sie verstehen einander nicht und laden sich gegenseitig mit negativen Schwingungen auf.

## Zeichen, die in Verbindung gebracht werden mit

Fische und Schütze. Sie sind vielseitige Zeichen, die sich an alle Umstände anpassen. Sie sind sehr gut darin, Kunden und Kontakte zu finden.

### Geld-Rituale

### Ritual für Cashflow

Sie benötigen:

- 2 Silbermünzen eines beliebigen Nennwerts

- 1 Klarglasbehälter

- Heiliges Wasser

- Meersalz

*- Frische Milch*

*- Amethyst Stein*

*Gib das heilige Wasser und das Meersalz in den Behälter. Lege die Münzen in das Wasser und wiederhole in Gedanken: "Du reinigst und läuterst dich selbst; du machst mich wohlhabend". Zwei Tage später nimmst du die Münzen aus dem Wasser, gehst in den Garten, gräbst ein Loch und vergräbst die Münzen und den Amethyst. Wenn du keinen Garten hast, vergrabe sie irgendwo, wo es Erde gibt.*

*Wenn du die Münzen vergraben hast, gieße vor dem Schließen des Lochs frische Milch darüber. Überlege dir, wie viel Geld du bekommen möchtest. Sobald du deine Wünsche geäußert hast, kannst du das Loch abdecken. Versuchen Sie, es so gut wie möglich zu verstecken, damit niemand mehr dort gräbt.*

*Nach sechs Wochen graben Sie die Münzen und den Amethysten aus und tragen sie als Amulette bei sich.*

**Zauberspruch zur Veränderung des Geldflusses.**

*Sie benötigen:*

*- 1 Silbermünze eines beliebigen Wertes*

*- 1 Glasbehälter*

*- Heiliges Wasser oder Vollmondwasser*

*- Meersalz*

*- 1 goldene oder silberne Kerze*

*- 1 Nadel*

*- Streichhölzer*

*Gib das Wasser und das Salz in den Behälter. Lege die Münze in das Wasser und wiederhole: "Du reinigst dich und machst mich reich". Dann nimmst du die Münze aus dem Wasser und trocknest sie ab.*

*Du nimmst die Kerze und schreibst mit der Nadel das Symbol für Geld $$$" darauf. Mit der Kerze in den Händen wiederholst du: "Diese Kerze bringt mir Geld". Zünde die Kerze an und lasse ein paar Tropfen Wachs auf die Münze fallen. Dann stellst du die Kerze auf die Münze, so dass sie festklebt.*

*Sobald die Kerze und die Münze aufgeklebt sind, wiederholst du deine Wirtschaftsbitte und sagst: "Durch die Kraft des Feuers, durch die Energien dieser Kerze, durch die goldene oder silberne Farbe werde ich ein Magnet für Geld. Möge mein Wille erfüllt werden. Möge es so sein, es ist so und es soll so sein."*

## *Zauberspruch zur Steigerung des Wohlstands.*

*Sie benötigen:*

*- 3 weiße Kerzen*

*- 2 orangefarbene Kerzen*

*- 4 Orangen (Früchte)*

*- 1 neue Nähnadel*

*- Streichhölzer*

*Beginne diesen Zauber an einem Sonntag bei Sonnenaufgang. Du nimmst eine weiße Kerze, und mit der Nadel schreibst du deinen Namen darauf.*

*Schneide die Orange und iss ein kleines Stück. Zünde deine Kerze an und wiederhole in deinem Geist: "Wenn ich diese Frucht esse, nehme ich die Kraft von Ra zu mir". Lass die Kerze ausbrennen.*

*Sie wiederholen dieses Ritual in gleicher Weise und zur gleichen Zeit an den beiden folgenden Sonntagen.*

*Am letzten Sonntag des Monats ist das Ritual ein wenig anders.*

*Du nimmst die beiden orangefarbenen Kerzen und hältst sie in Richtung der aufgehenden Sonne, während du sie wiederholst:*

*"Mächtiger Ra, möge diese Kerze mit deiner Kraft überdauern."*

Sie zünden die Kerzen an und stellen eine vollständig geschälte Orange daneben.

Heben Sie die Orange an, und wiederholen Sie den Vorgang:

"Damit verbinde ich deine Kraft mit meiner."

Sie lassen die Kerzen ausbrennen.

**Zauberspruch zum Anziehen von Überfluss.**
Sie benötigen:

- 1 Orange (Frucht)

- 1 Foto von Ihnen

- Zimtpulver

- Schwarzer Turmalin

Du nimmst die Orange, schneidest sie in zwei Hälften und platzierst dein Foto in der Mitte.

Öffnen Sie ein Loch in Ihrem Garten, legen Sie die Orange hinein, streuen Sie den Zimt auf die Orange und wiederholen Sie den Vorgang:

"So wie die Sonne scheint, so werde ich bis zum Ende meines Lebens scheinen". Setzen Sie den Turmalin ein und schließen Sie das Loch.

*Wenn die Erde Ihr Angebot annimmt und die Orange sich auflöst, wird Ihre Aura ein Magnet für Geld sein.*

### Business-Reinigungszauber.

*Sie benötigen:*

*- Eierschale*

*- 1 Strauß weißer Blumen*

*- Heiliges Wasser oder Vollmondwasser*

*- Milch*

*- Zimt-Pulver*

*- Neuer Reinigungseimer*

*- Neuer Mopp*

*Sie beginnen damit, dass Sie Ihr Haus oder Ihr Unternehmen von innen nach außen fegen und dabei im Geiste das Negative raus und das Positive rein lassen.*

*Sie mischen alle Zutaten im Eimer und wischen den Boden von innen bis zur Außenseite der Haustür.*

*Sie lassen den Boden trocknen und fegen die Blumen zur Straßentür, heben sie auf und werfen sie zusammen mit Eimer und Mopp in den Müll. Fassen Sie nichts mit Ihren Händen an. Sie sollten dies einmal* pro Woche tun, vorzugsweise zur Zeit des Planeten Jupiter.

### Zauberspruch zur Reinigung Ihres Unternehmens von schlechten Schwingungen.

Sie benötigen:

- 1 Bündel Petersilie

- 1 Strauß Basilikum

- Honig

- Meersalz

- 1 Glas weißer Rum

- 1 Steinguttopf

Beide Zweige zusammen mit dem Honig, dem Salz und dem Glas Rum in einen Mixer geben. Drei Minuten lang pürieren.

Sie teilen die Flüssigkeit in drei gleiche Teile auf. Gießen Sie einen Teil vor die Tür des Geschäfts. Die anderen Teile sollten im Laden in einem Tongefäß aufbewahrt werden, und der Rest sollte gut abgedeckt im Kühlschrank aufbewahrt werden.

Das Ritual muss einen Monat lang an jedem Sonntag und Donnerstag der Woche wiederholt werden.

### *Zauberspruch zum Schutz Ihres Unternehmens vor Diebstahl.*

*Sie benötigen:*

*- 1 Kupfergefäß*

*- 90-prozentiger Alkohol*

*- 10 Tropfen Eukalyptusöl*

*- 10 Tropfen Lavendelöl*

*- 1 Zweig Weinraute*

*- 1 Amethyst*

*Sie müssen alle in den Alkohol getauchten Zutaten während einer vollständigen Phase der Mondsichel in dem Behälter mazerieren lassen.*

*Jeden Tag, sobald es dunkel wird, werden Sie die Mischung schütteln. Nach dieser Lunation füllst du die Flüssigkeit aus dem Behälter in die Verdampfer Flasche und gibst den Amethyst hinein. Damit können Sie alle Ecken der Räume in Ihrem Haus oder Büro ausräuchern.*

### Ritual zur Verbesserung der Arbeit.

Sie benötigen:

- 3 grüne Kerzen

- 2 weiße Kerzen

- 2 gelbe Kerzen

- 1 Papierkassette

Man stellt die Kerzen im Uhrzeigersinn im Kreis auf, zuerst die grünen, dann die weißen, dann die gelben.

 Schreiben Sie Ihre Wünsche auf das Papier und legen Sie es gefaltet in die Mitte des Kreises. Zünde die Kerzen an und wiederhole siebenmal: "Ich habe Kraft und Vertrauen; ich richte mein Leben auf Fülle aus". Dieses Ritual sollte mindestens zweimal pro Woche durchgeführt werden, bevor Sie zur Arbeit gehen. Vorzugsweise dienstags und donnerstags.

### Ritual zum Jobwechsel.

Sie benötigen:

- 1 dunkelgrüne Kerze.

- 1 rote Kerze.

*- 1 eine violette Kerze*

*- 1 Blatt Papier mit den Angaben zu der Stelle, die Sie erhalten oder ändern möchten.*

*Man zündet die Kerzen an, die eine Pyramide bilden, und legt das gefaltete Papier in die Mitte. Wiederholen Sie dies siebenmal: "Ich bin zufrieden mit dem, was ich habe, aber ich möchte besser sein, an einem Ort, der mehr meinem Geschmack und meinen Erwartungen entspricht.*

*Deshalb bete ich zu meinem Schutzengel, dass er mir bei dieser Suche hilft". Wiederholen Sie dies sieben Mal. Dieses Ritual sollte durchgeführt werden, bevor man zur Arbeit geht.*

### Die besten Länder und Städte zum Leben

**Länder:** *Die Niederlande, Kanada, England, Australien, Dänemark, Venezuela, Mexiko, Argentinien, Kuba, Portugal und Guatemala.*

**Die Städte:** *Moskau, Havanna, Berlin, Lissabon, Cartagena, Sao Paulo, Rio de Janeiro, Medellín, Madrid und London.*

# Weihrauch und ätherische Öle für Geld

## Pflanzen für Geld

*Eukalyptus: Verbrennen Sie einfach ein paar Blätter und gehen Sie im Haus umher, so dass sich der Duft in jedem Raum ausbreitet, schlechte Energien vertreibt und Fülle hereinlässt.*

## Quarz für Geld

**Lapislazuli:** *Er ist ein schützender und kraftvoller Quarz gegen schlechte Energien. In Ägypten wurde er in die Gräber gelegt, um sich um die Toten im Jenseits zu kümmern. Er zieht beruflichen Erfolg an.*

### Geld-Anhänger

**Die Pentakel des Jupiters, die Ihnen Wohlstand garantieren.**

Pentakel sind magische Figuren, die in der Lage sind, positive Energien an ihre Umgebung weiterzugeben. Die Wirkung der Jupiter-Pentakel ergibt sich aus der

Kombination von Buchstaben, Zeichen und nützlichen Formeln, sie symbolisieren grafisch und mystisch einen Wunsch.

Sie wirken eindeutig auf die Psyche der Menschen, die mit ihm in Sichtkontakt stehen.

Die größte Zusammenstellung von Pentakel findet sich in den Claviculae of King Solomon, einem Band der hohen Magie, der diesem biblischen König zugeschrieben wird. Darin finden sich 36 Pentakel, die verschiedenen Zwecken dienen, darunter die sieben Pentakel des Jupiters.

### Pentakel für Wohlstand.

Der Zweck dieser Pentakel ist es, für Fülle zu sorgen, Konflikte im Zusammenhang mit der Arbeit zu lösen und dabei zu helfen, alle Arten von Vorteilen, die größeren Wohlstand garantieren, direkter zu erhalten.

Jupiter, der so genannte große Wohltäter in der Astrologie, ist ein Planet, der mit Expansion, Optimismus, Verbindungen zu mächtigen Menschen und der Fähigkeit, Glück zu machen, in Verbindung gebracht wird.

 Du solltest sie mit großer Konzentration und mit der Absicht zeichnen, dass sie deinen Willen manifestieren. Das geeignetste Material ist ein Stück

*Pergament. Wenn sie fertig sind, sollten sie an einem sichtbaren Ort aufgehängt werden, z. B. an der Kasse oder in der Brieftasche (man kann sie auch ausdrucken).*

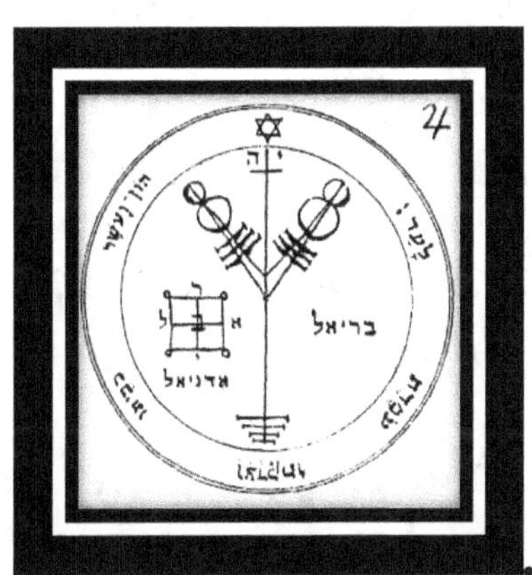

# *Affirmationen, um Geld zu erhalten*

*Sie sollten diese Dekrete 21 Tage lang durchführen, damit Sie die Ergebnisse sehen können, wenn möglich dreimal täglich. Wenn du sie laut wiederholst, werden sie noch kraftvoller sein.*

*Ich habe beschlossen, im Überfluss zu leben, ich bin ein Aufsteiger.*

*Ich beanspruche meinen Anteil am Reichtum. Ich bin wohlhabend. Geld kommt in meinem Leben in Hülle und Fülle und ohne jede Anstrengung.*

*Ich bin wohlhabend und reich, Geld fließt in meinem Leben konstant, dauerhaft und mühelos, Geld wächst in meinen Händen wie Bäume auf dem Feld, alles, was ich ausgebe, kommt vervielfacht zu mir zurück, denn ich bin die Quelle allen Reichtums.*

## *Ferien*

*Urlaub ist sowohl körperlich als auch geistig gesund. Es ist erwiesen, dass ein Urlaub das Stressniveau senkt und das Immunsystem stärkt. Manchmal verursacht die Urlaubsplanung Stress, weil es unendlich viele Möglichkeiten gibt und die Entscheidung zu einer Schimäre haften Aufgabe wird.*

*Mit Hilfe der Astrologie lässt sich aus dem Verständnis Ihrer Persönlichkeit der ideale Urlaubsort für Sie ableiten.*

*Widder, ein All-inclusive-Resort mit sportlichen Aktivitäten im Freien an einem warmen Ort wie Punta Cana, Cancún oder den Turks- und Caicosinseln wäre ideal. Australien ist ein aufregendes Land, das eine Fülle von Emotionen bietet, die Ihr Herz höherschlagen lassen.*

*Stier, ein Aufenthalt in einem luxuriösen Resort auf den Cayman-Inseln oder ein luxuriöser Urlaub in Dubai, in einem Hotel, das alle Annehmlichkeiten bietet, wird sehr verlockend sein. Italien ist ein perfektes Land, denn dort finden Sie alles, wovon Sie schon immer geträumt haben: Liebe, Charme, Luxus, wunderbares Essen und erstklassige Weine.*

***Zwillinge*** *lieben es, sich intellektuell zu beschäftigen. Reisen mit geführten Ausflügen wie eine Safari in Afrika oder die Erforschung der Tierwelt auf den Galapagos-Inseln bieten dem Tierkreis-Kommunikator ein luxuriöses Erlebnis.*

***Krebs****, Kurztrips, umgeben von Familie und Freunden. Disney World, die Attraktionen und das vielfältige Angebot an Speisen sind eine Möglichkeit. In Orlando, Florida, gibt es mehrere fantastische Hotels und Resorts, jedes mit einem einzigartigen und faszinierenden Thema.*

*Ein Aufenthalt in einem Bungalow über dem Meer in Tahiti ist für dieses Sternzeichen fantastisch. Eine weitere luxuriöse Alternative, die der Löwe liebt, wäre eine private tropische Insel auf den Malediven, den Fidschi-Inseln oder den Jungferninseln zu mieten.*

***Jungfrau****, Italien ist Ihre beste Wahl. Dieses Land wird Sie gut beschäftigen. Als Erdzeichen sind Sie mit der Welt um Sie herum verbunden. Orte wie La Romana in der Dominikanischen Republik, Puerto Viejo in Costa Rica und Belo Horizonte in Brasilien werden Ihnen Leben einhauchen.*

**Waage**, ziehe Städte mit Museen vor. Ein Urlaub in den Tropen ist für die Waage nicht so befriedigend wie eine Besichtigung des Louvre in Paris, des Akropolis-Museums in Athen, Griechenland, des Prado-Museums in Madrid, Spanien oder der Uffizien in Florenz, Italien.

**Skorpion**, verbringen Sie ein paar Tage an einem abgelegenen Strand mit Alkohol und Massagen. In Griechenland, Bali, St. Martin oder Hawaii finden Sie all diese Annehmlichkeiten. Der Besuch von Kulturstätten in der Nähe Ihres Luxushotels wäre eine außergewöhnliche Kombination aus Tropen- und Kultururlaub. Mykonos und Roda in Griechenland sind perfekte Reiseziele.

**Schütze**, erkunde den Jakobsweg, ein Netz sehr unterschiedlicher Wege, die alle zur Stadt Santiago de Compostela führen. Jeder Weg hat seine Geschichte, sein Erbe und seine Magie. Der Schütze ist ein Reisender, der sich nach neuen Erfahrungen sehnt. In Irland werden Sie alles finden, was Sie suchen.

**Steinbock**, ein zielorientiertes Zeichen. Ferien, in denen Sie neue Geschäftsbeziehungen knüpfen können. China wäre spektakulär. Der Steinbock hat einen Sinn *für historische Werte, den andere Zeichen nicht haben. In Ländern wie Israel und Ägypten, in denen die Geschichte präsent ist, werden Sie sich zu Hause fühlen.*

**Der Wassermann** *liebt neue Ideen, unbekannte Orte und neue Beziehungen. Ein fantastisches Land für einen Besuch wäre Japan, nicht nur wegen seiner faszinierenden Geschichte und Kultur, sondern auch, weil jede seiner Regionen etwas anderes zu bieten hat.*

**Fische**, *ein Wasserzeichen, das sich über tropische Urlaube freut. Ein Hotel direkt am Strand wäre ideal. Die Insel "La Dique" in der Republik der Seychellen, vielleicht der schönste Strand der Welt, wird ein sicherer Erfolg sein. Fische haben eine ruhige Lebenseinstellung und werden von Neptun regiert, was Sie zu einem kreativen Denker macht. Schweden ist ein Land, das er besuchen sollte, weil er dort eine Kultur vorfindet, die so innovativ ist wie er selbst.*

### *Wer ist dein Seelenverwandter nach deinem Sternzeichen?*

*Wenn wir den Begriff "Seelenverwandte" hören, denken wir in der Regel an die Mitglieder eines Paares, d. h. an jemanden, mit dem man eine starke gefühlsmäßige und sexuelle Verbindung hat. Echte Seelenverwandte haben jedoch nicht immer eine solche Beziehung zueinander und sind oft nicht einmal an dem sexuellen Aspekt einer Beziehung interessiert.*

*Ihr Seelenverwandter kann nicht nur Ihr Partner sein, sondern auch Ihre Eltern, Freunde, Kinder, Großeltern, Ihr Chef oder Ihre Schwester.*

*Aus astrologischer Sicht und in Anbetracht der Tatsache, dass die Lektionen, die wir lernen müssen, bevor wir die nächste spirituelle Ebene erreichen, diejenigen sind, die die Art der affektiven Beziehungen bestimmen, die wir heute im Leben entwickeln müssen, können wir sagen, dass Krebs und Fische Seelenverwandte des Widders sind.*

*Mit Krebs und Fische kann der Widder sich nicht nur besser konzentrieren und Konflikte gewaltfrei lösen, sondern auch Empathie entwickeln, d. h. die Fähigkeit, sich in den anderen hineinzuversetzen und zu lernen, zu teilen.*

*Diese beiden Zeichen mögen keine Konflikte, und wenn sie doch entstehen, ziehen sie den Dialog jeder Episode von Brutalität vor.*

*Der Widder kann dem Krebs und den Fischen beibringen, nicht auf die Zustimmung anderer angewiesen zu sein, risikofreudiger zu sein und nicht zu versuchen, es allen recht zu machen, d.h. durchsetzungsfähiger zu sein.*

*Der sinnliche Stier, Feind des Wandels und Verwandter der Trägheit, hat als Seelenverwandte Schütze und Zwillinge, zwei Zeichen, die wissen, dass das Leben eine faszinierende Reise ist, aber keine statische Reise.*

*Sie können dem Stier beibringen, dass er nicht aus Angst vor Ungewissheit dortbleiben muss, wo er nicht mehr sein muss, und dass es immer bestimmte Situationen oder Umstände geben wird, die eintreten werden, ohne dass wir sie erwarten und ohne, dass wir die Macht haben, sie zu ändern. Der Stier hat diesen Zeichen auch viel zu lehren.*

*Lektionen über Willenskraft, Verpflichtungen gegenüber anderen, Engagement für das, was sie tun, und Beharrlichkeit, ohne Eile oder Langsamkeit, bis zum Ende durchzuhalten. Prinzipien zu haben und klug zu sein.*

*Der Löwe kann mit seinen Seelenverwandten, die der Waage und dem Wassermann angehören, eine Menge Karma ausgleichen.*

*Ein Löwe kann aus Eitelkeit auf einer falschen Idee oder Überzeugung beharren; Waage und Wassermann wissen, dass hinter einer egozentrischen Person ein geringes Selbstwertgefühl steht.*

*Die Waage lehrt den Löwen Gleichmut und Toleranz, Argumentation und Diplomatie, um eine reibungslose Kommunikation zu gewährleisten. Wassermann, das gegenüberliegende Zeichen von Löwen, ausgestattet mit einem objektiven und fairen Urteil, da sie nie von Vorurteilen beeinflusst werden, wird Löwe lehren, die Herzen der Menschen zu sehen, ihre Schulter anzubieten und mitfühlende Worte in Zeiten der Not zu geben.*

*Der Löwe zögert nie, wenn er Entscheidungen trifft, und wenn doch, dann manifestiert er sie nicht, etwas, das die Waage praktizieren sollte.*

*Treue ist ein Markenzeichen des Löwen, etwas, das der Wassermann nicht kennt, und die kleinen Löwen können ihm moralische Lektionen erteilen.*

*Die Jungfrau, die wegen ihrer immensen Angst vor dem Scheitern als Perfektionist bekannt ist, hat Skorpion und Steinbock als Seelenverwandte. Jungfrauen sind gerne streng in ihren Entscheidungen und haben einen Prototyp in fast jedem Aspekt ihres*

*Lebens. Diese Selektivität hält sie davon ab, der Bewegung des Lebens zu folgen.*

*Die Jungfrau wird ein ganzes Projekt buchstäblich in der Luft zerreißen, wenn sie das Gefühl hat, dass es nicht von Anfang an perfekt war, was ein Steinbock niemals tun würde, da ihr Weitblick sie erkennen lässt, dass es immer Alternativen gibt, ohne von vorne anfangen zu müssen.*

*Der Steinbock ist ein Zeichen, das sich seines eigenen Raumes sicher ist, er trifft keine sinnlosen Entscheidungen, wie es die Jungfrau manchmal tut.*

*Auf der anderen Seite kann der Skorpion das Schlimmste abmildern und das Beste der Jungfrau verstärken.  Skorpion und Jungfrau haben eine praktische Herangehensweise an das Leben; allerdings ist der Skorpion viel mehr ein Lebenskünstler als die Jungfrau. Der Skorpion bringt die Entschlossenheit mit, die der Jungfrau fehlt, und die Jungfrau bringt dem leidenschaftlichen Skorpion Kontrolle und Rationalität.*

*Die Jungfrau wird den Steinbock an seiner Seite angenehmer und spielerischer machen und ihn von der übermäßigen Ernsthaftigkeit, die er oft an den Tag legt, isolieren.*

### *Der Wahnsinn*

*Der Wahnsinn hat sich im Laufe der Geschichte als eine obskure, rätselhafte und widersprüchliche Wahrheit erwiesen. Er hat uns Angst gemacht, wir haben ihn ignoriert und sogar akzeptiert, und infolgedessen wurden die Menschen, die angeblich unter ihm gelitten haben, abgelehnt, eliminiert und geehrt.*

*Jedes Verhalten, das nicht mit unseren Überlegungen übereinstimmt, ist nicht unbedingt ein Akt des Wahnsinns, sondern eine andere Vorgehensweise.*

*Es ist ein Fehler, wenn wir, wenn wir uns von den Handlungen oder Dummheiten anderer betroffen oder verärgert fühlen, diese verbannen, denn das macht uns nicht vernünftiger, ausgeglichener oder vollkommener, sondern macht uns genauso verrückt.*

*Die Definition von Unzurechnungsfähigkeit ist ebenso komplex wie die von Vernunft, aber alle Sternzeichen haben ihren Grad an Unzurechnungsfähigkeit.*

***Krebs**: Sie sind temperamentvoll. Dies führt dazu, dass sie von außen betrachtet eine unverständliche Persönlichkeit haben. Die Popularität der Verrückten beruht auf ihrem widersprüchlichen Charakter, der die Menschen um sie herum manchmal stört.*

**Skorpion:** *Sie brauchen Veränderung, um glücklich zu sein, sie können verrückte Dinge tun, nur um etwas Action zu erzeugen. Für sie ist es normal, einen Ausbruch zu haben, denn sie sind süchtig nach Veränderung und Aufregung.*

**Fische:** *Es ist für sie unmöglich, dich nicht mit ihrem Wahnsinn anzustecken. Ihre Instabilität und ihr Ungleichgewicht stören die Menschen um sie herum. Sie sehen alles rosig, was dazu führt, dass sie als verrückt bezeichnet werden, weil sie immer auf einer Wolke schweben.*

**Zwillinge:** *Er ist berühmt für seine Dualität. Sie sind manchmal in Konflikt mit sich selbst. Sie lieben Herausforderungen, die Gefahren mit sich bringen. Sie lieben es, improvisierte Abenteuer zu planen und sind immer bereit, die Grenzen des maximalen Wahnsinns zu überschreiten.*

**Löwe:** *Wenn sich das Feuer in ihrem Kopf festsetzt, denken sie, dass alles, was ihr Leben umgibt, dringender ist als alles andere. Sie sind extravagant und haben Einstellungen, die für andere als verrückt* gelten. Sie können Dinge tun, die ein vernünftiger Mensch niemals tun würde.

**Widder:** Sie verärgern sich selbst und alle um sie herum. Sie sind stur und wollen in allem der Erste sein, auch wenn sie dafür verrückte Dinge tun müssen. Sie wissen nicht, wie man es zurückzunehmen, etwas, das sie zu irrationalen Handlungen führt.

**Wassermann:** Ein rebellisches und freies Zeichen, das sich nicht im Geringsten um die Meinung kümmert, die man von ihm hat. Es handelt in einer kapriziösen Art und Weise, mit verrückten Haltungen, die die Paradigmen brechen.

**Schütze:** Er ist lustig, aber gewalttätig mit seinem Wunsch nach Aktion. Sie wissen nicht, wie man die Folgen ihres Handelns zu messen, etwas, das viele als Wahnsinn. Es ist nicht verwunderlich, sie völlig ungezügelt zu sehen, die Überquerung des Terrains der Verantwortungslosigkeit.

**Waage:** Sie sehnen sich nach Glück und Harmonie, und um das zu erreichen, sind sie bereit, alles Verrückte zu tun. Sie sind instabil, und das führt sie zu brechen ihre Verpflichtungen, etwas, das viele als verrückt.

***Jungfrau:*** *Sie gehen bis zum Äußersten und werden obsessiv. Sie haben eine Vision von dem, was sie wollen, in Stein gemeißelt, niemand kann ihnen Ratschläge geben, sie lassen sich nicht leiten. Wenn sie nicht zuhören, begehen sie verschiedene Dummheiten.*

***Stier****: Wenn ihnen eine Idee in den Sinn kommt, gibt es niemanden, der sie vertreibt, und sie begehen sogar verrückte Dinge, um ihre Hypothese zu untermauern. Versuchen Sie, ihre Geduld auf die Probe zu stellen, und Sie werden feststellen, wie weit ihr Wahnsinn geht.*

***Steinbock****: Er vergisst absolut nichts, nicht verzeihen und noch viel weniger, vergisst, wenn Sie etwas falsch machen, keine Sorge, weil er Sie ein Leben lang daran erinnern, um Sie völlig verrückt zu machen. Steinbock ist wahnsinnig obsessiv über die Kontrolle.*

### *Die Psychologie hinter der Lotterie.*

*Lotteriespiele sind in der ganzen Welt sehr beliebt.*

*Wir alle haben den unmöglichen Traum, im Lotto zu gewinnen, denn die Illusion, durch einen Glücksfall Millionär zu werden, auch wenn die Chancen minimal sind, ist der Hauptgrund, warum Menschen spielen.*

*Die Spieler nehmen wahr, dass die Kosten für das Lotterielos im Verhältnis zu den Gewinnen, die sie im Falle eines Gewinns erzielen würden, verschwindend gering sind. Wir nehmen Risiken immer emotional wahr, und wenn sie uns Freude bereiten, neigen wir dazu, das Risiko als unbedeutend zu betrachten und das Gefühl der Gefahr zu neutralisieren, indem wir uns nur auf die Vorteile konzentrieren.*

*Die Spieler sehen in der Lotterie eine einmalige Gelegenheit, mit geringem Geldeinsatz und geringem Risiko einen Gewinn zu erzielen.*

*Spiele haben sowohl traditionelle als auch abergläubische Aspekte. Manche Menschen spielen immer dieselben Zahlen, weil sie ihre Lieblingszahlen sind, weil sie sie mit einem wichtigen Datum in Verbindung bringen oder weil sie sie geträumt haben.*

*Andere spielen zu einer bestimmten Zeit, an einem bestimmten Tag oder an einem bestimmten Ort. Wenn wir denken, dass wir die Kontrolle haben, fühlen wir* uns zuversichtlich, denn wenn wir die Zahlen selbst auswählen, anstatt nach dem Zufallsprinzip zu spielen, obwohl die Chancen, richtig zu liegen, die gleichen sind, haben wir den Eindruck, dass wir das Schicksal kontrollieren und dass die Chancen zu unseren Gunsten stehen.

Es gibt Leute, die nur zum Spaß spielen, in diesen Fällen geht die Lotterie über die wirtschaftlichen Kosten hinaus und wird zu einem Spaß, der belebt wird, wenn sie sich ausmalen, was sie mit dem Geld, das sie erwerben würden, alles machen könnten.


**Es gibt fünf psychologische Beschreibungen der einzelnen Lottospieler:**


**Der Abenteurer**, der von Spielen um große Geldsummen, von Spekulationen mit Zufallszahlen und mit geplanten Zahlen verzaubert ist.

**Der Konkurrent**, der darauf besteht, durch Glücksspiele zu zeigen, dass er auf Sieg wettet.

**Der Gierige**, der dem Glücksspiel keine Grenzen setzt und sich nicht scheut, beim Wetten Risiken einzugehen.

**Der Taktiker**, der niemals riskant spielt, sucht nach Taktiken, Strategien und numerischen Sets, wenn er die Zahlen spielt.

***Der abergläubische Mensch***, *der immer die gleichen Zahlenkombinationen spielt, verwendet Talismane, Rituale oder kauft seine Lose an einem bestimmten Datum und Ort.*

*Gibt es einen Trick oder eine Formel, um im Lotto zu gewinnen?*

*Diese Frage ist noch immer unbeantwortet. Viele spekulieren und behaupten, dass es wahrscheinlicher ist, vom Blitz getroffen zu werden, bevor man im Lotto gewinnt. Andere wiederum untersuchen die Möglichkeiten mit großer Beharrlichkeit und Raffinesse.*

*Das Lottospiel oder jedes andere Glücksspiel, wenn es mit Bedacht betrieben wird, ist ein billiger Weg, um Illusionen und Vertrauen in die Zukunft zu kaufen. Kompliziert wird es, wenn die Person ihren Spieltrieb nicht kontrollieren kann, so dass eine Spielsucht entsteht und sie in die Spielsucht verfällt.*

*Ein Spielsüchtiger ist ein Mensch, dem das Glücksspiel große Schwierigkeiten bei der Arbeit und in seinen familiären Beziehungen bereitet, da Verluste ihn dazu verleiten, größere Geldbeträge zu verspielen, um das verlorene Geld zurückzugewinnen. Dies wird zu einem Teufelskreis, der nur durch eine psychotherapeutische Behandlung gelöst werden kann.*

### Das beste Geschenk für Tierkreiszeichen.

*Geschenke sind ein universelles Mittel, um zu zeigen, dass wir uns um eine Person kümmern und sie schätzen, aber der Kauf von Geschenken kann eine Herausforderung sein, für manche sogar ein echtes Problem.*

*Die Planeten können Ihnen helfen, sobald Sie das Sternzeichen der Person kennen, können Sie das ideale Geschenk machen.*

***Feuerzeichen: Widder, Löwe und Schütze*** *mögen Geschenke, die ihnen das Gefühl geben, wichtig zu sein, und die mit Sport, Reisen und Technik zu tun haben.*

*Eine professionelle Digitalkamera, das neueste iPhone-Modell, ein Flugticket mit Hotel zu einem exotischen Touristenort oder mit historischem Hintergrund, Geschäftsbücher, Sportbekleidung oder Fitnessgeräte, Lotterielose, Flaschen mit edlem Wein und exklusive Markenschuhe werden diesen Zeichen sehr gefallen.*

***Stier, Jungfrau und Steinbock****, die dem Erdelement angehören, sind manchmal traditionell, aber das* bedeutet nicht, dass sie keine Geschenke von anerkannten Marken mögen.

Ein Gemälde eines berühmten Malers, ein Gürtel oder eine Aktentasche für ihre Arbeitspapiere, eine Brieftasche mit ihren Initialen, Markenparfüms, Massagen oder Körperbehandlungen, ein Haustier, Bademäntel, kuschelige Pyjamas oder sogar Aromatherapie-Diffusoren werden sie glücklich machen.

**Luftzeichen: Zwillinge, Waage und Wassermann** sind nicht materialistisch, und die Funktionalität eines Geschenks ist viel wichtiger als der Preis. Ihre Fantasie ist reichlich vorhanden, und alles, was diese Fähigkeit anregt, spricht sie an.

Ein Handy, ein Computer oder IPad, Bücher über persönliches Wachstum, Spiritualität, Philosophie und alternative Therapien, Selbsthilfe- und Wirtschaftskurse, ein Teleskop, Karten für die Oper oder das Theater, ein Tier, das nicht eingesperrt werden muss, Quarz, ätherische Öle, Weihrauch und After-Bath-Colognas werden von diesen Zeichen sehr geschätzt.

**Krebs, Skorpion und Fische**, die Wasserzeichen, lieben personalisierte Geschenke. Kochutensilien, ein romantisches Abendessen am Strand unter dem Mondschein, eine entspannende Massage in einem Spaß, gewagte Dessous, Hausschuhe oder ein bequemes Sofa zum Fernsehen, eine Flasche Champagner, Duftkerzen, Amulette, Astrologie Bücher, ein Satz von Tarot-Karten, Lotionen, Parfums und Beauty-Accessoires, Wein, Kekse, Konserven und alle Arten von Gourmet-Produkten sind auf der Liste der Geschenke, die diese Zeichen mit großer Freude annehmen werden.

Schenken ist ein Segen, es ist eine Geste der Großzügigkeit; Schenken ist ein symbolischer Akt, der ein Kompliment darstellt, eine Aufmerksamkeit für jemanden, den wir erfreuen wollen, und der die Zuneigung symbolisiert, die wir bekunden.

Wenn wir Geschenke machen, werden Beziehungen verbessert und gestärkt, und es entsteht Freude.

### *Die Tierkreiszeichen und ihre Ängste.*

*Die zwölf Tierkreiszeichen symbolisieren zwölf wesentliche Archetypen der menschlichen Persönlichkeit, sind aber gleichzeitig auch psychologische Prototypen, weshalb jedes der Tierkreiszeichen eine ganz spezifische und persönliche Angst hat.*

*Wir sollten uns daran erinnern, dass Angst ein wesentlicher menschlicher Alarm- und Abwehrmechanismus ist. Sie wird nur dann zum Problem, wenn sie übermäßig ist.*

*Ängste sind Unsicherheiten und manchmal projizieren wir sie mit den entgegengesetzten Handlungen, wie es der Fall des Widder-Zeichens ist; anerkannt für ihren eisernen Willen, nichts und niemand lähmt sie. Sie lieben es, alles zu kontrollieren, und ihre tief verwurzelte Angst ist es, zu versagen oder um Hilfe zu bitten, weil dies für sie ein Synonym für Schwäche ist.*

***Der Stier** ist das sturste der Erdzeichen. Veränderungen machen ihm Angst, und wenn ihm das Geld ausgeht, verbringt er sein Leben mit Sparen, denn Armut macht ihm Angst.*

***Zwillinge***, *die Kommunikatoren des Tierkreises, sind ein wenig ängstlich und unsicher, sie versuchen, Aufmerksamkeit zu erregen, weil sie fürchten, langweilig auszusehen. Legitime Kinder des Mondes, Cancers lieben ihre Sicherheitszone, weil niemand sie dort verletzen kann, sie haben Angst vor Einsamkeit und Ablehnung.*

***Der Löwe***, *der König des Tierkreises, der Anführer und der Mutige, wurde nicht geboren, um zu verlieren. Ihre größte Angst ist es, unbemerkt zu bleiben; sie ziehen es vor, schlecht gemacht zu werden, aber nicht ignoriert zu werden.*

*Die Meisterin der Ordnung **Jungfrau** wird manchmal zwanghaft, wenn es um ihre Gesundheit geht, und ist daher eine Hypochonderin. Ihre größte Angst ist es, krank zu werden, aber die Unordnung macht ihnen mehr Angst als alles andere.*

*Außerordentlich intelligente **Waagen** sind unentschlossen, und genau darin liegt ihre größte Angst: Entscheidungen zu treffen. Eine weitere ihrer Ängste ist die Einsamkeit.*

*Die rätselhaften und verführerischen* **Skorpione** *haben ein Elefantengedächtnis, sie fürchten sich vor Verrat, und wenn du etwas tust, was ihnen nicht gefällt, werden sie es dir für immer vorenthalten. Behalte niemals ein Geheimnis vor einem Skorpion.*

*Als Abenteurer des Tierkreises hat der* **Schütze** *panische Angst, sich zu binden, weil die Anforderungen erschreckend sind. Sie sind sehr lustig, aber hinter diesem Lächeln verbirgt sich die Angst, betrogen zu werden.*

**Steinböcke** *sind anspruchsvoll und weichen nie von ihren Zielen ab; ihre größte Angst ist es, Fehler zu machen, vor allem auf beruflicher Ebene. Sie sind aufopferungsvoll und haben Angst, ihre Träume nicht zu verwirklichen.*

*Die rebellischen und utopischen* **Wassermänner** *fürchten, ihre Freiheit zu verlieren, denn das würde bedeuten, ihr eigenes Wesen zu verlieren. Sie haben immer viele Freundschaften, aber keine von ihnen bindet sie. Sie brauchen die Gruppe, wollen aber nicht, dass die Gruppe sie braucht.*

*Frieden ist ein Synonym für* **Fische***, sie hassen Konfrontationen. Durch und durch mitfühlend, haben* *sie Angst, andere leiden zu sehen. Sie sind ein wenig unsicher, haben Lampenfieber und Angst vor Ablehnung.*

*In einigen alten Astrologie Büchern wird Saturn für die Angst in einem Geburtshoroskop verantwortlich gemacht. Ich denke, dass für die Entstehung von Angst die Allianz mehrerer Planeten mit ihren entsprechenden Energien erforderlich ist.*

*Das heißt, Ängste werden von mehreren Planeten repräsentiert, die durch Aspekte miteinander verbunden sind, es gibt keinen bestimmten Planeten, der zwangsläufig mit der Entwicklung irgendeiner Art von Angst verbunden ist.*

### Mond im Zeichen des Krebses

*Der Krebs ist das emotionalste Sternzeichen, da er auf der Ebene der Gefühle und Emotionen funktioniert.*

*Der Mond regiert das Zeichen Krebs, was bedeutet, dass der Mond in diesem Zeichen alle Gefühle offen ausdrücken und erforschen kann. Manchmal sind Menschen mit dem Mond im Zeichen Krebs Sklaven ihrer Gefühle und haben Mühe, sie unter Kontrolle zu halten.*

*Wenn Ihr Mond im Zeichen Krebs steht, sind emotionale Beziehungen sehr wichtig für Sie. In der*

*Tat brauchen Sie emotionale Beziehungen zu anderen Menschen, um zu überleben.*

*Die gemeinsamen Bindungen helfen Ihnen, sich daran zu erinnern, dass Sie nicht allein sind, und der Wunsch nach emotionaler Unterstützung bedeutet, dass Sie sich als Teil eines Ganzen fühlen wollen.*

*Sie müssen jedoch daran denken, sich um Ihre eigenen Bedürfnisse zu kümmern, sonst könnten Sie von der emotionalen Unterstützung anderer abhängig werden.*

*Der Mond im Krebs besitzt einen starken Mutterinstinkt und gibt Ihnen ein Gefühl der Sicherheit, wenn Sie wissen, dass die Menschen, die Sie lieben, beschützt werden.*

*Wenn ihr euch emotional nicht mit anderen verbindet, interpretiert ihr das so, dass eure emotionalen Bedürfnisse nicht erfüllt werden, etwas, das ihr wirklich zum Überleben braucht. Wenn dies geschieht, gerät Ihre Seele in einen Zustand des Terrors, denn Sie können nicht wirklich überleben, wenn Sie diese Bedürfnisse nicht erfüllen. Eure größte Angst ist es, allein auf der Welt zu sein.*

*Die Person mit dem Mond im Krebs, die sich bedroht fühlt, reagiert darauf, indem sie sich versteckt und versucht, ihre emotionalen Verbindungen wiederherzustellen.*

*Für Krebse sind Sicherheit und Geborgenheit am wichtigsten, daher sind Gewohnheiten und Routine für sie sehr beruhigend. Je sicherer ihre Umgebung ist, desto sicherer fühlen sie sich.*

*In romantischen Beziehungen fühlen sie sich sicherer, wenn sie eine tiefe Bindung zu ihrem Partner haben, und sie brauchen die Gewissheit, dass ihr Partner auf ihre Gefühle Rücksicht nehmen wird.*

*Wenn Sie erkennen, dass Sie Ihre eigenen Überlebensbedürfnisse ohne die Unterstützung anderer befriedigen können, werden Sie in der Lage sein, bessere emotionale Beziehungen zu den Menschen in Ihrem Leben aufzubauen.*

*Sie sollten sich über Ihre Erwartungen und Wünsche bezüglich emotionaler Unterstützung im Klaren sein.*

### *Die Bedeutung des Aszendenten Zeichens*

*Das Sonnenzeichen hat einen großen Einfluss darauf, wer wir sind, aber der Aszendent ist das, was uns wirklich definiert, und das könnte sogar der Grund dafür sein, dass Sie sich mit einigen Eigenschaften Ihres Sternzeichens nicht identifizieren.*

*Wenn du dein Horoskop liest, fühlst du dich manchmal identifiziert und es gibt einigen Vorhersagen einen Sinn, und das passiert, weil es dir hilft zu verstehen, wie du dich fühlen könntest und was mit dir passieren wird, aber es zeigt dir nur einen Prozentsatz dessen, was wirklich sein könnte.*

*Der Aszendent unterscheidet sich vom Sonnenzeichen, weil er widerspiegelt, wer wir oberflächlich gesehen sind, d. h. wie andere uns sehen oder welche Energie wir auf andere übertragen, und das ist so real, dass Sie vielleicht jemanden treffen, und wenn Sie sein Zeichen vorhersagen, haben Sie vielleicht sein Aszendenten Zeichen und nicht sein Sonnenzeichen entdeckt.*

*Zusammenfassend lässt sich sagen, dass die Eigenschaften, die man bei einer Person sieht, wenn man sie zum ersten Mal trifft, der Aszendent ist, aber da unser Leben von der Art und Weise beeinflusst wird, wie wir mit anderen in Beziehung treten, hat der*

*Aszendent einen großen Einfluss auf unser tägliches Leben.*

*Es ist etwas kompliziert zu erklären, wie das Zeichen des Aszendenten berechnet oder bestimmt wird, denn es ist nicht die Position eines Planeten, die es bestimmt, sondern das Zeichen, das zum Zeitpunkt Ihrer Geburt am östlichen Horizont aufstieg, im Gegensatz zu Ihrem Sonnenzeichen, das vom genauen Zeitpunkt Ihrer Geburt abhängt.*

*Dank der Technologie und des Universums ist es heute einfacher denn je, diese Informationen zu wissen, natürlich, wenn Sie Ihre Geburtszeit kennen, oder wenn Sie eine Vorstellung von der Zeit haben, aber es gibt nicht eine Marge von mehr als Stunden, denn es gibt viele Websites, die die Berechnung durch die Eingabe der Daten zu machen, astro.com ist einer von ihnen, aber es ist unendlich.*

*Auf diese Weise können Sie, wenn Sie Ihr Horoskop lesen, auch Ihren Aszendenten lesen und mehr persönliche Details erfahren. Sie werden sehen, dass sich von nun an, wenn Sie dies tun, Ihre Art, das Horoskop zu lesen, ändern wird, und Sie werden wissen, warum dieser Schütze so bescheiden und pessimistisch ist, wenn er in Wirklichkeit so übertrieben und optimistisch ist, und das liegt vielleicht daran, dass er einen Steinbock-Aszendenten hat, oder weil dieser Skorpion-Kollege immer über alles redet, zweifellos hat er einen Zwillinge-Aszendenten.*

*Ich werde die Eigenschaften der verschiedenen Aszendenten zusammenfassen, aber auch das ist sehr allgemein, denn diese Eigenschaften werden durch Planeten in Konjunktion mit dem Aszendenten, durch Planeten, die den Aszendenten aspektieren, und durch die Stellung des Herrscherplaneten des Zeichens im Aszendenten verändert.*

*Zum Beispiel wird eine Person mit einem Aszendenten in Schütze und ihrem herrschenden Planeten Jupiter in Widder etwas anders auf die Umwelt reagieren als eine andere Person, ebenfalls mit einem Aszendenten in Schütze, aber mit Jupiter in Skorpion.*

*In ähnlicher Weise wird sich eine Person mit einem Fische-Aszendenten, die Saturn in Konjunktion zu ihm hat, anders "verhalten" als jemand mit einem Fische-Aszendenten, der diesen Aspekt nicht hat.*

*All diese Faktoren verändern den Aszendenten, Astrologie ist sehr komplex, und Horoskope werden nicht mit Tarotkarten gelesen oder erstellt, denn Astrologie ist nicht nur eine Kunst, sondern auch eine Wissenschaft.*

*Es kommt häufig vor, dass diese beiden Verfahren verwechselt werden, denn obwohl es sich um zwei völlig unterschiedliche Konzepte handelt, haben sie einige Gemeinsamkeiten. Eine dieser*

*Gemeinsamkeiten liegt in ihrem Ursprung begründet und besteht darin, dass beide Verfahren seit der Antike bekannt sind.*

*Sie ähneln sich auch in den verwendeten Symbolen, da beide mehrdeutige Symbole darstellen, die interpretiert werden müssen, was eine spezielle Lektüre und Ausbildung erforderten, um zu wissen, wie diese Symbole zu interpretieren sind.*

*Es gibt Tausende von Unterschieden, aber einer der wichtigsten ist, dass, während im Tarot die Symbole sind vollkommen verständlich auf den ersten Blick, wobei figurative Karten, obwohl es notwendig ist, zu wissen, wie man sie gut zu interpretieren, in der Astrologie beobachten wir ein abstraktes System, das notwendig ist, um zu wissen, vorher zu interpretieren, und natürlich muss gesagt werden, dass, obwohl wir erkennen können, die Tarot-Karten, jeder kann nicht interpretieren sie richtig.*

*Die Deutung ist auch ein Unterschied zwischen den beiden Disziplinen, denn während des Tarots keinen genauen Zeitbezug hat, da die Karten nur dank der im entsprechenden Legesystem gestellten Fragen zeitlich eingeordnet werden, bezieht sich die Astrologie auf eine bestimmte Stellung der Planeten in der Geschichte, und die von beiden verwendeten Deutungssysteme sind diametral entgegengesetzt.*

*Das Horoskop ist die Grundlage der Astrologie und der wichtigste Aspekt bei der Erstellung von Vorhersagen. Das Horoskop muss perfekt ausgearbeitet sein, damit die Lesung erfolgreich ist und man mehr über die Person erfährt.*

*Um ein Geburtshoroskop zu erstellen, muss man alle Daten über die Geburt der betreffenden Person kennen.*

*Sie muss genau bekannt sein, von der genauen Zeit, zu der sie geliefert wurde, bis hin zu dem Ort, an dem sie durchgeführt wurde.*

*Die Stellung der Planeten zum Zeitpunkt der Geburt verrät dem Astrologen die Punkte, die er für die Erstellung des Geburtshoroskops benötigt.*

*In der Astrologie geht es nicht nur darum, die Zukunft zu kennen, sondern auch darum, die wichtigen Punkte Ihrer Existenz, sowohl in der Gegenwart als auch in der Vergangenheit, zu kennen, um bessere Entscheidungen für Ihre Zukunft zu treffen.*

*Die Astrologie hilft Ihnen, sich selbst besser kennenzulernen, so dass Sie die Dinge, die Sie blockieren, ändern oder Ihre Qualitäten verbessern können.*

*Und wenn das Horoskop die Grundlage der Astrologie ist, so ist die Tarot-Lesung von grundlegender Bedeutung für diese Disziplin. Wie derjenige, der*

*Ihnen das astrologische Horoskop macht, wird der Seher, der Ihnen die Tarot-Lesung macht, der Schlüssel zum Erfolg Ihrer Lesung sein, so ist es am besten für Tarot-Leser empfohlen zu fragen, und obwohl sicherlich können Sie nicht speziell auf alle Fragen, die Sie fragen sich in Ihrem Leben zu beantworten, eine korrekte Lesung der Tarot-Streuung, und die Karten, die in der Rolle kommen, wird Ihnen helfen, über die Entscheidungen, die Sie in Ihrem Leben machen.*

*Zusammenfassend lässt sich sagen, dass Astrologie und Tarot sich der Symbolik bedienen, aber die Hauptfrage ist, wie all diese Symbolik interpretiert wird.*

*Eine Person, die beide Techniken beherrscht, wird zweifellos eine große Hilfe für die Menschen sein, die sie um Rat fragen.*

*Viele Astrologen kombinieren beide Disziplinen, und die regelmäßige Praxis hat mich gelehrt, dass beide in der Regel sehr gut ineinander übergehen und eine bereichernde Komponente in allen Vorhersagefragen darstellen, aber sie sind nicht dasselbe, und man kann weder ein Horoskop mit Tarotkarten erstellen noch eine Tarot Deutung mit einem astrologischen Horoskop.*

### *Aszendent im Krebs*

*Menschen mit diesem Aszendenten vermeiden Konflikte, wann immer es möglich ist. Diese Menschen müssen lernen, ihren eigenen Rhythmus zu verstehen, denn sie klammern sich an ihre Gefühle und geben sie nicht auf, bis ein anderes, stärkeres Gefühl auftaucht.*

*Emotionen und die Suche nach Sicherheit sind für Menschen mit diesem Aszendenten am wichtigsten.*

*Ein Aszendent im Krebs, der versucht, sich in anderen Menschen wiederzufinden, wird die negativen Emotionen der anderen absorbieren. Da sie so einfühlsam für andere sind, denken sie vielleicht, dass die negativen Gefühle, die sie wahrnehmen, ihre eigenen sind.*

*Es ist notwendig, dass dieser Aszendent lernt, gut zu unterscheiden, woher diese Gefühle kommen, damit sie nicht in den Erinnerungen an die Vergangenheit stecken bleiben.*

*Das Einfühlungsvermögen dieses Aszendenten ermöglicht es ihnen, ihre Umgebung hervorragend wahrzunehmen, aber ihr Ziel wird immer sein, eine Beziehung zu suchen, die ihnen Sicherheit und Stabilität bietet.*

### Widder - Krebs Aszendent

*Diese Tierkreiszeichen-Kombination kollidiert miteinander, da die starke Widder-Energie und die Tendenz des Krebses, Konflikte zu vermeiden, aufeinandertreffen. Das Leben dieser Menschen kann einem ständigen Wandel unterworfen sein.*

*Sie nehmen gerne an gesellschaftlichen Veranstaltungen teil und tauschen sich mit Freunden und Familie aus.*

*Im Arbeitsbereich sind sie zielstrebig und tun ihr Bestes, um erfolgreich zu sein und ihre Projekte zu konsolidieren. Unabhängig von ihrem Beruf sind sie in der Lage, das zu erreichen, was sie sich vorgenommen haben, wenn sie sich darauf konzentrieren.*

*In der Liebe stellen sie ihre Würde über alles andere, was zu Konflikten führen kann. Obwohl sie immer sehr großzügig, einfühlsam und beschützend sind.*

*Menschen mit Aszendenten im Krebs werden von ihrer Familie beeinflusst und können von ihr manipuliert werden.*


### Stier - Krebs-Aszendent

*Diese astrale Kombination schätzt ihre Freundschaften und betrachtet sie als Teil ihrer Familie. Sie sind unterstützende und einfühlsame Menschen.*

*Im Beruf sind sie dank ihrer freundlichen und einfühlsamen Ausstrahlung erfolgreich, denn sie wissen, wie man mit Menschen umgeht und werden für ihren Charakter stets belohnt.*

*In der Liebe sind ihre Gefühle zwar stark, aber sie legen Wert auf Freiheit und Vertrauen. Dies sind die wichtigsten Emotionen, um ihre Beziehungen zu erhalten. Manchmal können sie jedoch falsche Entscheidungen treffen.*

*Emotionen und Sensibilität sind die größten Schwierigkeiten für diese Menschen, da sie psychosomatische Probleme verursachen können.*

### Zwillinge - Krebs Aszendent
*Zwillinge mit Krebs-Aszendent sind kommunikationsstarke Menschen.*

*Für diese Menschen ist es am wichtigsten, einen Arbeitsplatz zu finden, an dem sie ihre Kreativität entfalten können und sich wohl fühlen mit dem, was sie tun und mit wem sie zu tun haben.*

*Gelegentlich kann ein Mangel an Selbstwertgefühl dazu führen, dass sie ihr Potenzial nicht voll entfalten können.*

*Im Allgemeinen sind sie viel sensibler und einfühlsamer, aber in der Liebe ist das Gefühl von*

*Sicherheit und Wertschätzung ein grundlegendes Bedürfnis.*

*Manche verstecken sich vor jedem Konflikt, weil sie Angst haben, bloßgestellt zu werden.*

### Krebs - Krebs-Aszendent
*Diese Kombination von Zeichen verstärkt die Eigenschaften des Krebses. Sie sind die liebevollsten und schützenden Menschen des Tierkreises.*

*Krebse mit Krebs-Aszendent leben ihre Emotionen sehr intensiv, und das ermöglicht es ihnen, die Emotionen anderer sehr gut wahrzunehmen.*

*Auf dem Gebiet der Arbeit sind sie nicht sehr wettbewerbsfähig. Sie versuchen immer, eine bequeme Position zu finden, in der sie nicht hart arbeiten müssen, sondern in der sie ohne Sorgen leben können.*

*In ihren sentimentalen Beziehungen neigen sie dazu, ihren Partner zu idealisieren und sich von der Realität zu entfremden. In der Regel geben sie den Wünschen des Geliebten, ohne zu überlegen nach. Manchmal sind sie instabil und haben keine emotionale Kontrolle über ihr Leben.*

### *Löwe - Krebs-Aszendent*

*Löwen mit Krebs-Aszendent sind sehr beschützende Menschen, sie lieben Luxus, aber sie lieben es, ihn mit denen zu teilen, die zu ihrem engsten Kreis gehören. Für diese Menschen sind ihre Lieben die Priorität in ihrem Leben, und sie mögen es, sie mit Geschenken zu überhäufen.*

*Für diesen Aszendenten ist finanzielle Stabilität sehr wichtig, weil sie ihm viel Sicherheit bietet.  Der Zugang zu finanziellen Ressourcen garantiert ihnen, dass sie so leben können, wie sie es möchten. Sie sind bestrebt, Wege zu finden, um finanziell wohlhabend zu sein.*

*Im Arbeitsbereich lieben sie es, sich neues Wissen anzueignen und Projekte zu starten, denn sie sind unternehmungslustige Menschen mit großem Kampfgeist.*

*In der Liebe können sie sehr eifersüchtig und manipulativ gegenüber ihrem Partner sein.*

*Manche nutzen den sozialen Status und materielle Besitztümer als Maßstab für die Bewertung von Menschen und schätzen nur den äußeren Schein.*

### *Jungfrau - Krebs Aszendent*

*Jungfrauen mit Krebs-Aszendent sind Menschen, die eine große Kommunikationsfähigkeit, eine unglaubliche Fantasie und Intelligenz besitzen.*

*Sie verfügen über außergewöhnliche soziale Fähigkeiten, da sie an vielen Beziehungen interessiert sind und auch im Umgang mit Menschen sehr angenehm sind.*

*In der Liebe konzentrieren sie sich auf die Familie; dies ist der perfekte Typ Mensch, um eine solide Familie aufzubauen.*

*Sie sind manchmal schüchtern, aber wenn man sie kennenlernt, sind sie charmant.*


### *Waage - Krebs-Aszendent*

*Waage mit Krebs-Aszendent ist eine Verbindung von liebevollen und ausdrucksstarken Zeichen. Diese Kombination ist immer erfolgreich, besonders in Beziehungen.*

*Diese Menschen werden immer auf der Suche nach Stabilität und nach einem Zuhause sein.*

*Bei den übrigen Beziehungen sind sie ausgeglichene Menschen und wissen, wie sie für Ordnung sorgen und wenn nötig vermitteln können.*

*Gelegentlich spielen sie gerne die Rolle des Opfers und projizieren ihre Fehler.*

### *Skorpion - Krebs-Aszendent*

*Diese Verbindung zweier Zeichen des Elements Wasser verstärkt die typischen Eigenschaften des Elements. Die Sensibilität dieser Kombination ist hervorragend.*

*Diese Personen müssen über jede Gelegenheit nachdenken und sie analysieren, damit sie wirklich erkennen können, was in ihrem besten Interesse ist.*

*Auf dem Gebiet der Arbeit kommen sie vielleicht nicht so voran, wie sie es gerne würden, da sie manchmal zu Pessimismus neigen.*

*Die Art, wie sie Zuneigung geben, hängt mit ihren künstlerischen Interessen zusammen. In ihren Beziehungen schränken sie sich regelmäßig nicht gegenüber ihrem Partner ein, sondern werden sehr freizügig.*

*Sie können Leidenschaft mit Liebe verwechseln, und es kann für sie schwierig sein, eine stabile Beziehung aufrechtzuerhalten.*


### *Schütze - Krebs-Aszendent*

*Schütze mit Krebs-Aszendent sind super intuitive Menschen, aber mit hervorragenden Fähigkeiten für praktische Arbeit. Sie sind von ihren Fähigkeiten überzeugt, jede Arbeit zu erledigen.*

*Sie sind sehr zielgerichtet und vernünftig und teilen gerne mit ihrer Familie. Der Wunsch, akzeptiert und geliebt zu werden, treibt sie jedoch dazu, falsche Entscheidungen zu treffen.*

*Sie können sich so sehr in ihre Arbeit vertiefen, dass dies sogar ihrer Gesundheit und ihren Beziehungen schaden kann. Sie lieben es, anderen Vorwürfe zu machen, selbst wenn sie immer die gleichen Fehler machen.*

### Steinbock - Aszendent Krebs
*Diese Tierkreiszeichen-Kombination ergänzt sich gegenseitig. Die Sensibilität des Krebses gepaart mit der Disziplin des Steinbocks führt zu pflichtbewussten Menschen, die Verpflichtungen schätzen.*

*In der Liebe ziehen sie es vor, ihr Leben mit jemandem zu teilen, dem sie vertrauen können. Sie sind sehr verantwortungsbewusste und ehrliche Menschen, die das Gleiche in einer Beziehung suchen.*

*Bei der Arbeit sind sie an vielen Projekten gleichzeitig beteiligt, aber sie sind unabhängig und zuverlässig.*

*Diese Menschen neigen dazu, in einer Beziehung zu bleiben, die aufgrund mangelnder Zuneigung enden sollte, da es ihnen aus Tradition richtig erscheint, sie aufrechtzuerhalten.*

### Wassermann - Krebs-Aszendent

*Menschen mit diesem Einfluss sind bis zum Äußersten beschützend. Manchmal neigen sie dazu, unausgeglichen zu sein, weil sie manchmal eher von der Vernunft als von der Intuition geleitet werden.*

*Im Arbeitsbereich sind sie immer erfolgreich, vor allem in behördennahen Berufen.*

*In der Liebe lieben sie es, ihre Unabhängigkeit zu bewahren, aber wenn sie sich verlieben, geben sie alles für ihren Partner.*

*Ein negativer Aspekt dieses Aszendenten ist, dass sie manchmal von anderen Menschen beeinflusst werden.*

### Fische - Krebs Aszendent

*Fische mit Krebs-Aszendent sind sensibel und verträumt. Sie lieben das Neue und sind darauf bedacht, ständig zu lernen.*

*Im Bereich der Arbeit sind sie ehrgeizig und kämpferisch, da sie den Erfolg suchen und nie aufgeben, bis sie ihn erreicht haben.*

*Die Liebe ist ihnen wichtig, und es ist ihnen wichtig, Momente mit ihrer Familie zu teilen, auch wenn sie Liebeskummer haben.*

## *Literaturverzeichnis*

*Einige Informationen wurden aus den von den Autoren veröffentlichten Büchern entnommen: Liebe für alle Herzen, Geld für alle Taschen und Horoskope 2022 und 2024.*

*Artikel im Nuevo Herald, verfasst von einem der Autoren.*

## *Über die Autoren*

*Zusätzlich zu ihrem astrologischen Wissen verfügt Alina A. Rubi über eine reichhaltige berufliche Ausbildung; sie hat Zertifizierungen in Psychologie, Hypnose, Reiki, bioenergetischer Kristallheilung, Engelsheilung, Traumdeutung und ist spirituelle Lehrerin. Rubi verfügt über Kenntnisse in Gemmologie, die sie nutzt, um Steine oder Mineralien zu programmieren und sie in kraftvolle Amulette oder Talismane des Schutzes zu verwandeln.*

*Rubi hat einen praktischen und ergebnisorientierten Charakter, der es ihr ermöglicht hat, eine besondere und integrative Vision von mehreren Welten zu haben, die Lösungen für spezifische Probleme ermöglicht. Alina schreibt die Monatshoroskope für die Website der American Asociation of Astrologers; Sie können sie unter www.astrologers.com lesen. Zurzeit schreibt sie eine wöchentliche Kolumne in der Zeitung El Nuevo Herald über spirituelle Themen, die jeden Sonntag in digitaler*

*Form und montags in gedruckter Form erscheint. Er hat auch ein Programm und ein wöchentliches Horoskop auf dem YouTube-Kanal dieser Zeitung. Ihr Astrologisches Jahrbuch wird jedes Jahr in der Zeitung "Diario las Américas" in der Rubrik Rubi Astrologa veröffentlicht.*

*Rubi hat mehrere Artikel über Astrologie für die monatliche Publikation "Today's Astrologer" geschrieben und Kurse über Astrologie, Tarot, Handlesen, Kristallheilung und Esoterik gegeben. Auf ihrem YouTube-Kanal stellt sie wöchentlich Videos zu esoterischen Themen zur Verfügung: Rubi Astrologa. Sie hatte ihre eigene Astrologie Sendung, die täglich über Flamingo T.V. ausgestrahlt wurde, wurde von mehreren Fernseh- und Radiosendungen interviewt und veröffentlicht jedes Jahr ihr "Astrologisches Jahrbuch" mit dem Horoskop nach Sternzeichen und anderen interessanten mystischen Themen.*

*Sie ist Autorin der Bücher "Reis und Bohnen für die Seele" Teil I, II und III, einer Zusammenstellung von esoterischen Artikeln, die in Englisch, Spanisch, Französisch, Italienisch und Portugiesisch veröffentlicht wurden. "Geld für alle Taschen", "Liebe für alle Herzen", "Gesundheit für alle Körper", Astrologisches Jahrbuch 2021, Horoskop 2022, Rituale und Zaubersprüche für den Erfolg im Jahr 2022, Zaubersprüche und Geheimnisse, Astrologie Kurse, Rituale und Zaubersprüche 2024 und Chinesisches Horoskop 2024 sind in fünf Sprachen erhältlich:*

*Englisch, Italienisch, Französisch, Japanisch und Deutsch.*

*Rubi spricht perfekt Englisch und Spanisch und kombiniert alle ihre Talente und Kenntnisse in ihren Lesungen. Sie wohnt derzeit in Miami, Florida.*

*Weitere Informationen finden Sie auf der* **Website** *www.esoterismomagia.com.*

*Alina A. Rubi ist die Tochter von Alina Rubi. Sie studiert derzeit Psychologie an der Florida International University.*

*Seit ihrer Kindheit interessiert sie sich für alle metaphysischen und esoterischen Themen und praktiziert Astrologie und Kabbala seit ihrem vierten Lebensjahr. Sie verfügt über Kenntnisse in Tarot, Reiki und Edelsteinkunde. Sie ist nicht nur Autorin, sondern zusammen mit ihrer Schwester Angeline A. Rubi auch die Herausgeberin aller von ihr und ihrer Mutter veröffentlichten Bücher.*

*Für weitere Informationen kontaktieren Sie sie bitte per E-Mail:* **rubiediciones29@gmail.com**